そこが知りたい！

帰化申請 Q&A 50

行政書士
山尾 加奈子
Kanako Yamao

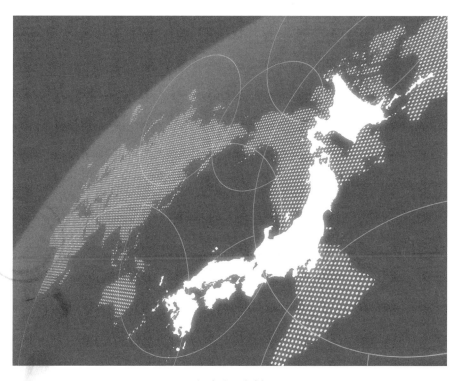

中央経済社

は じ め に

　私は長年に亘り，外資系企業の法務部に在籍し，多くの外国人の同僚と仕事をしてきました。日本で働いている外国人には，優秀な方が多数います。そして，そういった方が在留資格や帰化について悩んでいる姿を見て，「私がサポートできれば」と思ったことがきっかけで行政書士を目指しました。

　その後，勤務していた会社を辞めて行政書士事務所を開業して以来，一貫して帰化サポート業務を専門にしてきました。そして，これまで数多くの帰化申請に携わりました。

　帰化は，外国人が他国の国籍を取得することを意味します。したがって，この申請の過程には，日本の法律のみならず，申請者の母国のあらゆる法律が関わります。それゆえ，とても複雑な申請手続きとなります。

　また，帰化審査要領は一般には公開されていません。通常の許認可とは異なり，要件を満たせば日本国籍を誰にでも与えることができるような性質のものではないからです。許可・不許可の決定は，法務大臣の広い裁量権に任されているのです。

　そのため，帰化に関する書籍は世の中に多く出回っていませんし，いまだに審査基準はブラックボックスに包まれています。このような現状から，申請を行う外国人が頼るところは，既に帰化をした友人や，ウェブに書かれている情報となります。また，帰化サポートに携る専門家は，日が浅いと，個々のケースの判断に悩みがちです。

　帰化申請の恐ろしいところは，個々のケースで取り扱いが全く異なるため，一つとして同じケースが存在しないことです。加えて，全国の帰化事務を取り扱う法務局に広い裁量権が認められていることから，法務局によって進め方や必要書類が異なります。ほかの事例をそのまま信じてはいけないのが帰化申請の特殊性なのです（もちろん，参考程度にすることは十分に意義のあることです）。

　本書は，帰化申請に苦しむ外国人や行政書士などの専門家に向けて，私がこれまで培ってきたノウハウを提供できればという思いで執筆しました。

i

許認可全般に同じことですが，行政書士を使わないで自分で申請することもできます。しかし，弊所に相談に来るお客様は年々増加しています。帰化申請は，作成する書類が特殊で，収集する書類が大量なので，働きながら１人でするのは至難の業だからです。「帰化申請の受付までに１年かかった」という話もよく耳にします。そういった煩雑さを避けるため，最初から専門家に依頼することを選ぶのでしょう。

　本書は，帰化申請したいという外国人をメインに考え，Q&A方式でわかりやすく解説しました。もちろん，専門家にも十分に満足頂ける内容になっていると自負しています。さらに，気になる報酬の設定方法や集客の方法など，帰化サポート業務を専門とする上で知っておきたいことを第５章にまとめました。

　前述のとおり，帰化の審査要領はブラックボックスに包まれています。そのため，100%正確なことをお伝えすることはできないかも知れません。
　その中で，本書では，私がこれまで何度も法務局に通って得た情報やノウハウ，実際に扱った個別のケースから分かった審査基準改正内容についての最新の情報をできる限り詰め込みました。お役に立つことがあれば望外の喜びです。

　末筆になりますが，出版の機会をくださった中央経済社様，執筆にあたりコメントをくださった帰化サポートを専門とするプロ・ステータス国際行政書士／社会保険労務士事務所代表の五十嵐博幸先生，Aeras行政書士法人代表の瀬戸了輔先生に心から感謝の意を表したいと思います。

2024年12月

山尾　加奈子

目　次

はじめに・ⅰ

第1章　帰化とは………………………………………………………1

Q1　帰化とは何をすることですか？…2

Q2　帰化するメリットは何ですか？…6

Q3　帰化要件が3種類あるというのは本当ですか？…9

Q4　生地主義と血統主義とは何ですか？…12

Q5　申請から許可・不許可までのフローはどうなりますか？…15

Q6　なぜ審査期間が平均して1〜1年半もかかるのですか？…19

Q7　日本の国籍法と申請者の国籍法の両方が関係するというのは本当ですか？…21

Q8　最近の傾向はどのようになっていますか（帰化許可申請者数，国籍別帰化許可者数等）？…24

第2章　帰化申請準備………………………………………………29

Q9　帰化申請できるかどうか，どのように確認すればいいですか？…30

Q10　現在帰化要件を満たしていないようですが，いつ申請できるようになりますか？…33

Q11　行政書士などの専門家に依頼するメリット・デメリットは何ですか？…35

Q12　専門家に依頼した場合，全て丸投げしてもいいですか？…38

Q13　準備開始のタイミングや申請までのスケジュールはどうなりますか？…40

Q14　普通帰化の要件を具体的におしえてください…44

Q15　簡易帰化の要件を具体的におしえてください…52

Q16　本国から取り寄せる書類にはどのようなものがありますか？…57

Q17　日本国内で収集する書類にはどのようなものがありますか？…60

Q18　取得した書類に有効期限はありますか？…66

iii

Q19　作成すべき書類にはどのようなものがありますか？…69

第3章　法務局の特殊性…75

Q20　どこの法務局に申請してもいいのですか？…76

Q21　法務局によって進め方に違いはありますか？…80

Q22　どうして完全予約制なのですか？…83

Q23　日本語のテストがあるって本当ですか？…86

Q24　なぜ本人が必ず法務局に行かないといけないのですか？…90

Q25　審査官との面接は日本語で行われますか？…92

Q26　面接ではどのようなことを聞かれますか？…94

Q27　専門家に同席してもらうことは可能ですか？…100

Q28　修正申告しても審査に影響はありませんか？…102

Q29　不許可の場合，申請取り下げの打診があるというのは本当ですか？
　　　…106

第4章　書類作成のポイント…109

Q30　「帰化許可申請書」の作成ポイントは？…110

Q31　「親族の概要」の作成ポイントは？…115

Q32　「履歴書その1」の作成ポイントは？…120

Q33　「履歴書その2」の作成ポイントは？…124

Q34　「生計の概要その1」の作成ポイントは？…127

Q35　「生計の概要その2」の作成ポイントは？…131

Q36　「事業の概要」の作成ポイントは？…135

Q37　「動機書」の作成ポイントは？…140

Q38　「在勤及び給与証明書」の作成ポイントは？…143

第5章　帰化申請サポートを業とするには…147

Q39　具体的にどのようなことをするのですか？…148

Q40 集客・営業はどうすればいいですか？…152

Q41 選ばれる専門家になるにはどうすればいいですか？…155

Q42 報酬はどのように設定すればいいですか？…157

Q43 国によって感覚の違いはありますか？…160

Q44 お客様との契約はどのように締結していますか？…164

第6章　その他 …………167

Q45 収集できない書類はどうすればいいですか？…168

Q46 受付当日は何をするのですか？…171

Q47 申請した内容に変更事項が生じたらどうすればいいですか？…174

Q48 帰化後の氏名を変更したい場合，どうすればいいですか？…177

Q49 許可・不許可の通知はどのように届くのですか？…180

Q50 許可・不許可後の手続きについておしえてください…183

第7章　特殊事例 …………189

ケース1 両親が難民認定を受けたため，本国書類が一切ない…190

ケース2 両親が行方不明のため，どこで書類を収集したらよいか分からない…194

ケース3 日本生まれのため，本国の身分ID番号がない…198

ケース4 本国が戦闘地域のため，本国書類が持ち出せない…202

ケース5 本国の政府が国籍離脱を承認してくれない…205

■本書の使い方■

　本書には，帰化申請をする外国人本人（申請者）に向けた記載と，サポート業を開始する行政書士等（専門家）に向けた記載があります。Qの右肩に 申請者 専門家 というマークがありますので，お読みの際は参考にして頂けますと幸いです。

Q1　申請者 専門家

帰化とは何をすることですか？

第1章

帰化とは

帰化と在留資格はどのように違うのでしょうか。そして，帰化とはどのような考えに基づいてなされるのでしょうか。理解すべき基本を解説します。

Q1

申請者　専門家

帰化とは何をすることですか？

帰化とは

　帰化とは，現在他の国の国籍を保有している者，または無国籍の者自らの申し出により，申し出を受けた国家が審査を行い，許可を与えることでその国の国籍を付与する制度です。外国籍の者が日本の国家に対して日本国籍取得の意思表示を申し出て，審査の結果，許可が下りた場合は，日本がその者に対して日本国籍を付与します。

　日本では，国籍法4条2項の定めに従い，その許可・不許可の決定は法務大臣の権限とされています。

　単純な許認可と違い，帰化審査では，その国の構成員にふさわしい者かどうかをあらゆる角度から慎重に審査する必要があります。そのため，条件や許可・不許可は，それぞれの国で自由に決定できます。それゆえ，法務大臣には広い裁量権が認められています。

　☞　仮に，国籍法5条ないし9条に定めている帰化条件を満たしていたとしても，法務大臣による許可を義務付けるものではありません。帰化の許可・不許可は法務大臣の自由裁量行為です。

帰化に対するよくある誤解

　誤解している方が多いのですが，帰化は前述のとおり自らの意思表示によって，日本の国家に対して申請を行わなければなりません。そのため，日本人と結婚したことで当然に与えられるものではありません。日本人と結婚しただけでは日本人の配偶者の地位に留まり，国籍はいつまでも元々保有している国籍のままです。帰化したいのであれば，要件を満たした後に自ら帰化申請を行う必要があります。

　☞　帰化申請は法務局で行うことになります。どの法務局に申請をすればよいかに関してはQ20で詳しく解説します。

帰化申請に必要な「真正な帰化意思」

　帰化申請には，申請する者の真正な帰化意思が必要とされます。そして，法務局に申請する際には，原則として申請者自身の出頭が必須となっています（国籍法施行規則2条2項）。

　申請者本人が法務局で職員に相談を行い，書類を申請し，審査官との面接を経て，その申請意思が確認されます。本人のあずかり知らないところで，代理人と名乗る第三者が勝手に帰化申請を行うことがないよう，申請書類の受付日には申請者が全員出頭し，宣誓書に署名をして受付をしてもらうのです。

　よって，帰化意思がない者に対する許可は当然に無効であると解されます。帰化することは申請者の個人的権利義務の存否，範囲を確定し，その法律的地位に重大な変動をもたらすものであるため，帰化意思は不可欠となります。

　☞　申請者が15歳未満の場合は，国籍法18条の定めのとおり法定代理人が代わって行う
　　　ものとされます。帰化意思については，意思能力があれば未成年者等の制限行為能力者
　　　であっても本人による表明が可能であると解することもできるはずですが，通常の意思
　　　判断と異なり，国家の高権的行為としての性質を有する行政行為に対する意思能力の有
　　　無を判断することが困難な場合を考慮し，国籍法18条では一律に15歳未満の申請は法
　　　定代理人が行うものと規定されています。

形式的な「真正な帰化意思」のみならず

　実は，真正な帰化意思があるかどうかは，形式的に要件が整っていて申請者が法務局に出頭しさえすればよいというものではありません。長年現場を見てきた経験談となりますが，法務局の職員は，申請者がどの程度，真剣に前のめりになって積極的に帰化書類の準備を進めているかによっても真正な帰化意思を判断しています。

　日本国籍取得を心の底から望んでおり，法務局から指示された書類を省略することなく積極的に真摯に収集しているか，法務局の職員の指示に素直に従っているかなどの申請者の態度も判断基準としているように感じています。

　つまり，審査は相談段階から始まっているといっても過言ではありません。

　以前は法務局の姿勢はかなり厳格でした。「帰化許可が欲しいのであれば，

第1章　帰化とは　　3

指示した通りに書類収集や書類作成をするのが当たり前であり，例外は許さない」という風潮がありました。現在，表面上は優しくなったように見えますが，本質的な部分は不変であり，申請者の日本国籍取得に対する強い気持ちを評価の対象としているように感じています。

　法務局によっては，今でも，面接時ではなく相談段階で「なぜ帰化したいのですか」と質問されることがあります。その際に「日本のパスポートが欲しいからです」と答えてしまうと「そんなことは言うものではありません」と渋い顔をされることがあります。「日本の社会に溶け込んで，日本を母国のように感じている外国人に帰化の許可を与えたい」という法務局が考える帰化の本質部分は，今でも変わっていないのです。

● 重国籍は認められない

　日本の国籍法5条1項5号には，重国籍防止条件が謳われています。日本では，日本国籍保有者が重国籍であることは認められません。日本の法務大臣によって帰化が許可された際には，原則として現在保有している外国籍全てを喪失し，日本国籍のみを保有する状態にしなければなりません。重国籍を容認している国とそうでない国があり，日本は後者です。

　　☞　帰化申請するということは，帰化が許可された際には現在保有している国籍を失い，日本国籍のみを保有することになるということを覚悟する必要があります。

● 家族全員で同時申請すべきか

　前述のとおり，帰化申請には申請者の真正な帰化意思が必要とされます。よく「帰化申請は家族全員同時申請しないといけませんか？」と質問を受けることがあります。実際には，家族が全員同時に帰化申請しなければならないという法律もルールも存在しません。国籍の選択は個人の自由です。申請者自身が日本国籍を選択したいと思う一方，その配偶者が日本国籍を選びたいと思うかどうかは，その配偶者の自由です。

　　☞　私の経験上，法務局での帰化申請において，家族単位で帰化することを強要するようなことはありません。長年帰化申請サポートをしてきましたが，同時申請をしなかった

ことで審査官の心証を悪くしたり，そのせいで不許可になったりもありません（世の中には色々な噂がありますが，信じる必要はありません）。

　もちろん，なぜ1人だけ帰化申請をしないのかなど，面接の際に審査官から質問を受ける可能性はありますが，合理的な理由を説明できれば問題ありません。弊所で取り扱った帰化案件の中で，その質問を受けなかったケースも多くあります。ダイバーシティが謳われる時代ですから，人種や価値観の差別に繋がることを懸念し，「なぜあなただけ帰化申請をしないのですか？」という質問を避ける審査官が増えたのかもしれません。

　申請者は既に日本に長く住んでいて日本に愛着を感じ，日本国籍を取得したいと思っていても，その配偶者は来日してまだ1年程度で，国籍を変える決心がつかない場合などはよくあります（来日して間もない人の場合，帰化審査の過程で行われる後述の日本語のテストに合格することは難しいでしょう）。

　そのような理由から，夫と妻と子供たちの一家のケースで，夫と子供たちだけ帰化申請をして，妻だけ帰化申請をしない場合があります。もちろん，近年は逆のパターンも多く見受けられ，妻と子供たちだけ帰化申請をする場合もあります。

Q2

申請者　専門家

帰化するメリットは何ですか？

　Q1で解説したとおり，帰化とは，現在他の国の国籍を保有している者，または無国籍の者自らの申し出により，申し出を受けた国家が審査を行い，許可を与えることでその国の国籍が付与される制度です。

　日本国籍が付与された場合，付与された日から日本国の構成員となり，国家と国民との間に種々の法律関係が発生します。また，同時に，これまで保有していた権利義務を失うこともあります。

　日本国籍が付与された場合に発生する法律関係のうち，主要なものとしては，例えば，参政権や国内居住権など，国民の権利及び義務として日本国憲法に掲げられる種々の権利義務があります。

帰化と永住者の在留資格

　よくご質問を頂くのが，帰化と永住者の在留資格との違いです。

　帰化とは，前述のとおり国籍の付与に関わる制度です。帰化した際には日本国籍が付与され，母国の国籍を喪失することになります。

　一方，永住者の在留資格においては，永住者の資格を取得したとしても国籍に変更はありません。母国の国籍を保有し続けることになります。在留活動の内容，在留期間のいずれも制限を受けずに日本に在留することができるため，当該資格を取得することを希望する外国籍の方も多くいます。

帰化のメリット

　日本に在留する外国人が帰化することのメリット（本人の視点によってメリットにもデメリットにもなります）は一般的に次のとおりです。

①　日本国籍が付与される

　日本国籍が付与されることで日本のパスポートを取得することができます。

イギリスのコンサルティング会社であるヘンリー＆パートナーズが行っている，ビザなしで渡航できる国の数が多い国籍をランキング付けした調査（通称「パスポートランキング」）では，2017年から2023年1月まで6年連続で日本が1位を獲得していました。2024年8月時点では2位に後退しているものの，海外へ渡航する際に，観光ビザを取得しなくとも入国できる国が多い日本のパスポートをメリットだと感じる方は多いです。

②　就労活動に制限がなくなる

日本に在留する，身分に基づく在留資格を有する外国人以外の，多くの方は就労制限が設けられています。例えば，技術・人文知識・国際業務の在留資格（通称「就労ビザ」）であれば，現在勤務する企業などでデスクワークなどの活動を行うことを許可しているため，たとえ当該企業が副業を許可している場合であったとしても，在留資格の範囲外である芸能活動など他の在留資格の範囲の活動をすることは出入国管理及び難民認定法（以下「入管法」という）19条1項によって禁止されています。

帰化した場合は，このような就労活動の制限がなくなるため，国家公務員を含むどのような職業にも就けることがメリットといえるでしょう。

> ☞　就労制限がなくなるという点では永住者も同様ですが，永住者の場合は原則として国家公務員になることは認められていません。

③　参政権（選挙権・被選挙権）が付与される

日本国籍を取得するのですから，国民の権利として当然に参政権が与えられます（日本国籍を持たない外国人の参政権は認められていませんが，住民投票などの地方行政への参加は自治体が条例で定めることができるようになっています）。

外国人の中には，日本に長く居住し，納税などの義務は果たしているが，参政権などの権利は与えてもらえないことを残念に思う方もいます。そういった方たちは参政権が付与されることにメリットと感じるでしょう。

④　再入国許可が不要，退去強制処分がない

前述のとおり，永住者の在留資格を取得したとしても国籍は外国籍のままです。よって，海外へ渡航する際には「みなし再入国許可」や「再入国許可」を

第1章　帰化とは　　7

取得しないと，現在保有している在留資格をベースに再入国することはできません。また，何らかの事由で本国に退去強制される可能性もゼロではありません。

一方で帰化した場合は，当該国民は日本国の構成員となるので，「再入国許可」は不要です。他国に退去強制させられるなどの事態に陥ることはありません。安心して日本で継続して暮らせる権利が保障されます。

⑤ 戸籍が編製される

戸籍制度は日本人に適用される制度です。よって，現在日本に在留する外国人には戸籍がありません。もちろん日本人と結婚することで戸籍の「婚姻」の事項に配偶者として氏名，生年月日，国籍等が記載されますが，これは日本人配偶者の戸籍に婚姻した事実が記載されたにすぎず，外国人に戸籍が付与されたわけではありません。

特に戸籍の編製をメリットだと感じる方は，日本人と結婚している外国人です。帰化により自身の戸籍が編製されることで，自分の存在が認められたような気持ちを抱き，「安住の地に着いた」という心の平和を得る方も少なくないようです。

Q3

申請者　専門家

帰化要件が3種類あるというのは本当ですか？

　日本では，どのような要件を満たしていれば帰化ができるのでしょうか。要件は国籍法に規定されています。具体的には，普通帰化（国籍法5条），簡易帰化（国籍法6条，7条，8条），大帰化（国籍法9条）の3つの種類に区分されます。

■ 普通帰化

　帰化許可は原則として国籍法5条に列挙されている要件を全て満たしている必要があります。最終判断は法務大臣の自由裁量によるため，要件を満たしている外国人であれば誰でも許可がもらえるというものではありません。国籍法5条1項に「法務大臣は，次の条件を備える外国人でなければ，その帰化を許可することができない」と明記されている通り，列挙されている要件を全て満たしている場合に必ず許可を与えるとは明言していません。最低条件として5条に列挙する要件を満たしている必要があることを述べるに留まっています。

☞　この最低要件を列挙している国籍法5条を一般的に「普通要件」と呼んでいます。近年，審査過程において，国籍法5条の要件の他，日本語能力や思想要件を重視する傾向にあると感じています。具体的には，求められる日本語能力レベルが年々高くなってきており，日本社会への同化性が低いと思われる場合や日本に対して批判的だったり共産主義的な思想を持つ人に対しては審査上ネガティブな評価が下されます。

☞　国籍法の条文は抽象的な表現が多いため，5条をそのまま読んでも「普通要件」を正確に理解することは難しいです（Q14で具体的に要件を解説）。

☞　帰化審査要領が公開されていない以上，近年の審査動向などを押さえた専門家に申請前に要件をチェックしてもらうとよいでしょう。ただ，帰化申請サポートを行う専門家は全国に多数いますが，確かな実績や，現在現役でサポートに携わっているかによって精度の高い判断ができるかどうかが異なります。国籍法5条に書かれていない不許可になり得そうな個別の状況がないか，しっかりとヒアリングをしてくれる専門家に帰化サポートを依頼することをお勧めします。

第1章　帰化とは　　9

☞ 外国人はもとより，これからサポート業に入られる先生方も，「許可を保証する」や「絶対に許可がもらえる」などと謳っている専門家の言葉は鵜呑みにしないようにしましょう。

■ 簡易帰化

続いて，「簡易帰化」と呼ばれる要件を解説します。国籍法6条，7条，8条には，5条で列挙している「普通要件」のうち一部を満たしていない場合でも帰化を許可される可能性があることが規定されています。6条1項後段には，「法務大臣は，その者が前条1項1号に掲げる条件を備えないときでも，帰化を許可することができる」とあります。

日本で生まれた者，日本人の配偶者がいる者，日本人の子，かつて日本人であった者などのように，日本に所縁がある外国人には，数年前に初めて来日して在留している外国人と区別し，一定程度緩い要件で帰化できる制度を国が設けているのです。

このような要件緩和は，日本以外においても多くの国で採用されています。国籍を取得できる要件は歴史的背景，人口政策，労働政策などによって国ごとに自由に決めることができます。中には一定額以上の不動産を購入することで国籍取得が可能となる国もありますし，当該国籍を持つ者と結婚して配偶者となることで当然に国籍が付与される国もあります。

日本では上述のような国籍取得要件の規定はありませんが，一定程度日本に特別な関係を有している外国人は「簡易帰化」できるという制度を設けています。

緩和される要件として具体的にどのようなものがあるのかについてはQ15で詳しく述べます。簡単に紹介すると，6条，7条または8条に該当する外国人は居住要件が免除または緩和されます。つまり，「普通要件」の「引き続き5年以上日本に住所を有すること」という要件を満たしていなくても許可される可能性があります。

そして，能力要件として規定されている「18歳以上で本国法によつて行為能力を有すること」や，生計要件として規定している「自己又は生計を一にする配偶者その他の親族の資産又は技能によつて生計を営むことができること」と

いう要件が免除されたりします。

■ 大帰化

　最後に「大帰化」についてです。これは，９条規定の通り「日本に特別の功労のある外国人については，法務大臣は，５条１項の規定にかかわらず，国会の承認を得て，その帰化を許可することができる」というものです。通常「大帰化」と呼ばれますが，「名誉帰化」と呼ばれることもある特別な帰化です。

　☞　旧国籍法においても「勅裁ヲ経テ」帰化を許可する旨が規定されていましたが，これまで当該条文を根拠に帰化した事例は１つもありません。それならば９条の規定を置く意味がないのではないかという意見もあるようですが，本条を置くことで弊害が生じたことがないため，昭和59年改正においても「勅裁ヲ経テ」が「国会の承認を得て」に置き換わり規定され続けています。しかし，上述のとおり，今日まで本条によって帰化を許可された事例がないため，具体的にどのような功労があれば本条が適用されるのかについては基準が明らかではありません。

　☞　「普通帰化」とは異なる特別の条件で許可される帰化であることから「簡易帰化」や「大帰化」は「特別帰化」を呼ばれることもあります。

第１章　帰化とは　　11

Q4

申請者 専門家

生地主義と血統主義とは何ですか？

「私は米国で生まれたから米国の国籍も持っている」（日本国籍留保の届出（国籍法12条，戸籍法104条）をした人を前提とする）という話を聞いたことがありませんか。これはどういうことなのでしょうか。その国で生まれたということだけで国籍が付与されるのでしょうか。日本の場合はどうでしょう。日本では，日本で生まれたということだけで全ての外国人に日本国籍が付与されるということはありません。これがまさに生地主義と血統主義の違いです。

■ 生地主義

米国などのように，その国内の領土，領海，領空（国家領域）で生まれたあらゆる子どもに対して国籍を付与する主義を生地主義といいます。「国家領域で生まれた」とはその国で分娩の事実が生じたことを意味します。

☞ 移民受け入れにポジティブな国が生地主義を採用する傾向にあります。移民受入国としては，移民の子孫に対して寛容に国籍を付与して受け入れを行うことで，国への定着性や同化促進の効果を期待しているものと思われます。

生地主義の国としては，米国，カナダ，ブラジル，オーストラリア，ニュージーランドなどが挙げられます。ただ，完全なる生地主義を採用してしまうと，国外で生まれた子どもには当該国の国籍が付与されないことになってしまうため，補充的に後述の血統主義を認めているのが通例です。つまり，両親のどちらかが米国籍であれば，国外で生まれた場合であっても，一定の条件の下，その子どもには米国籍が付与される措置があります。

また，生地主義を採用する国の中には，国籍取得を目的として出産時のみ当該国に短期的に滞在して子どもを出産する人たち（正確にはその子ども）に対して無秩序に国籍を与えることを防止するため，一定の要件を定める国もあります。

よって，生地主義を採用している国と一口に言っても，様々な要件が付加さ

12

れていたり，あるいは例外規定が設けられていたりするため，その国がどのような国籍付与の方法を採用しているのかについて，国籍法で個別に確認する必要があります。

■ 血統主義

米国などの生地主義に対して，日本などのように血統主義を採用している国もあります。血統主義とは，血縁関係によって国籍の付与を行う主義のことです。血のつながりに重きを置いた考え方であるため，親子関係の存在が出生による国籍取得の基礎となります。

こちらの主義を採用している場合は，国外で生まれた子どもであったとしてもその国の国籍が付与されます。

日本では，血統主義の中でも，「父母両系血統主義」を採用しています。これは，父または母のどちらかが日本国籍を持つ場合に，生まれた場所を問わずその子どもに日本国籍を付与するものです。

☞ 実は，日本では1984年の国籍法改正以前は「父系優先血統主義」を採用していました。これは，日本国籍の父と外国籍の母の間に生まれた子どもには日本国籍を付与するが，外国籍の父と日本国籍の母の間に生まれた子どもには自動的には日本国籍を付与しないというものでした。その後，国籍法が改正され，現在は「父母両系血統主義」が採用されるにようになりました。

今では当然のように父または母が日本国籍を保有していればその子どもには日本国籍が付与されますが，40年ほど前まではそうではなかったのです。

日本のように父母両系血統主義を採用している国は，中国，韓国，タイ，フィリピン，スペイン，イタリア，ギリシャ，スウェーデン，フィンランド，ノルウェーなどです。父系優先血統主義を採用している国はイスラム教の国であることが多く，アラブ首長国連邦，エジプト，イラン，イラク，モロッコ，スリランカ，インドネシアなどです。

もちろん，血統主義にも補充すべき点があるため，日本では国籍法2条3項において「日本で生まれた場合において，父母ともに知れないとき，又は国籍を有しないとき」には，生地主義にて日本国籍を取得できるように条文を置い

第1章 帰化とは　13

ています。これは血統主義を貫こうとすれば無国籍の子どもが生じる危険性があるため，そういったリスクを防止する観点から保護を図ったものだと思われます。世界人権宣言にも掲げられている「すべて人は，国籍をもつ権利を有する。何人も，ほしいままにその国籍を奪われ，又はその国籍を変更する権利を否認されることはない」という主旨にも合致しています。

　このように，国によって国籍付与の方法が異なるため，人によっては複数の国籍を保有している場合があります。重国籍を認めている国である場合は，一人でいくつ国籍を保有していても問題はありません。ただし，ご存じの方も多いと思いますが，日本は重国籍を認めていません。よって，他の国籍を複数保有している人の場合，日本国籍のみにすることが日本に帰化するための要件となります（国籍法5条1項5号）。

　反対に，自己の志望により外国の国籍を取得したときには，日本国籍を失います（国籍法11条1項）。

Q5

申請者　専門家

申請から許可・不許可までのフローはどうなりますか？

　Q20で解説しますが，帰化申請は，申請者の住所地を管轄する国籍事務を扱っている法務局または地方法務局に行います。

　法務局によってフローは異なりますが，基本的には，いきなり書類を整えて持参しても受付してもらえません（東京など大都市では初回相談時にいきなり書類を受付してくれる法務局もありますがそういった法務局は稀です）。

■ 初回相談

　まずは初回相談を行います。法務局の帰化相談は完全予約制で，電話で日時を予約する必要があります。

　初回相談時に家族関係や現在の仕事の話などを法務局の職員がヒアリングし，各個人に適した必要書類を指示してくれます。そして2回目の相談予約を入れ，それまでに指示された書類を収集して相談時に持参し確認してもらいます。問題なければ3回目の予約を取り，それまでに収集すべき書類を整え相談時に持参し確認してもらい，最終的に全ての書類が整ったら「受付」をしてもらえます。中には，4～5回法務局に通って，1年がかりで受付までたどり着く方もいます。

　☞　もし，何度も法務局に通うのが面倒だとか，仕事の関係で平日の日中に法務局に行くことができないなどの事情があれば，行政書士などの専門家に帰化サポートを依頼し，法務局に通う回数をできるだけ少なくし早期に受付までたどり着けるようにすることをお勧めします。受付までにかかる期間を短縮することで，その分審査も早く開始されます。

■ 受付

　「受付」までたどり着いたら，そこからようやく実質的な審査がスタートします。受付後の流れは，申請者自身で行った場合でも，行政書士などにサポー

第1章　帰化とは　　15

トをお願いした場合でも，同一で，次のとおりとなります。

■ 審査・面接

　書類が「受付」されると，申請者毎に1人の審査官が割り当てられます。今後は許可・不許可の結果が出るまで当該審査官が担当になります。よって，審査期間中に何か変更事項などが生じた場合等は，当該審査官に必ず連絡をしないといけません（出国の予定がある，引っ越しをした，身分関係に変更が生じたなど）。

　法務局の混み具合によっても異なりますが，申請書類が受理されたのち，数か月経過後，審査官から申請人に電話で連絡があります。「申請人本人，および結婚等されている場合はその親族などに直接インタビューを行いたいので面接に来てほしい」という内容です。

　ちなみに，東京法務局本局は2024年12月現在，たいへん混み合っており，面接に呼ばれるまでに受付日から5～6か月かかっています。それほど混み合っていない法務局であれば，受付日から3か月経過後に面接の連絡が来ます。

　　☞　面接で何を聞かれるかについてはQ26参照。

■ 本省の法務省での再度審査

　面接実施後，管轄の法務局の審査会にて調書がまとめられ，調書と書類が本省の法務省に進達されます。

　審査は2段階で，管轄の法務局のみならず，本省でも再度最初から審査が行われます。

　本省には全国から帰化申請書類が進達されるため，本省の審査には通常半年程度かかります（ちなみに，本省の審査では原則面接は実施されず書面審査のみとなります）。

　全ての書類審査が終了し，許可・不許可の判断ができるようになると，法務大臣の決裁になります。

■ 許可・不許可の通知

　法務大臣による決裁後，担当の審査官から申請者本人に直接結果が伝えられます。しかし，この形式も様々で，「不許可通知書がいきなり自宅に届いた」という方もいれば，「不許可通知書が発送される前に審査官から申請人本人宛てに電話連絡が来た」という方もいます。不許可理由は原則として教えてもらえません。

　☞　不許可理由が犯罪歴や交通違反などで，かつ，数年経過することで再申請が可能となるケースにおいては，そういった理由が原因であることをおしえてもらえることもあります。

　不許可通知書には，この処分に関して不服がある場合は行政事件訴訟において取消訴訟を提起することが可能である旨が記載されています。しかし，帰化審査の実態は法務大臣の裁量権が広く，どの部分が裁量権の濫用・逸脱であり違法と言えるのかまでは特定することが困難です。取消訴訟になじまない性質のものであり，勝訴の見込みはないと言っても過言ではありません。

　☞　訴訟のために期間や費用を費やすよりも，「再申請のためにどのような対策を立てるべきなのか」を検討した方が賢明だと個人的には思います。

　許可された方については，担当の審査官から，本人に直接電話で伝えられるのが一般的です。

　めでたく許可が下りた場合は，法務局から帰化者の身分証等の書類が交付されます。それを居住する市区町村役場に持参し，戸籍の編製をしてもらうことになります。

■ まとめ

　まとめますと，帰化の結果が出るまでに，受付されてから1～1年半かかります。自己申請された場合には，受付に至るまで，1年程度かかる方もいます。つまり，申請の準備段階から結果が出るまでを鑑みると，2～2年半かかる場合もあるということです。

第1章　帰化とは　　17

☞　専門家に依頼した場合は，この準備期間が短くなります。特急で依頼した場合は，準備期間が1か月で終了することもあるでしょう。料金は発生しますが，早期に申請し許可が欲しい方にとってはメリットが大きいかも知れません。

期間は人や管轄の法務局によって様々ですが，流れは以下のようになります。

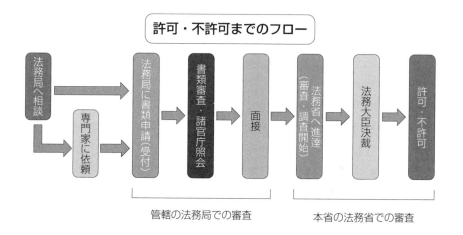

Q6

申請者 専門家

なぜ審査期間が平均して1～1年半もかかるのですか？

　Q5で解説した通り，審査は管轄の法務局で半年程度の時間を要し，さらに本省の法務省で半年程度かかります。そして，Q7で解説しますが，国籍によっては帰化の許可前に先んじて国籍の離脱を要請されるケースもあります。この国籍の離脱手続き完了まで数か月で済む国籍もあれば，1～2年程度かかる国籍もあります。ですから，「平均して」1～1年半かかると言われるのです。

　この1～1年半という審査期間については法務省で公表はしていませんが，帰化申請をしようとしたとき，法務局の職員や審査官からそのように説明されるでしょう。

◾ 書類審査には時間がかかる

　なぜ，管轄の法務局と本省の法務省でそれぞれ半年もかけて審査をするのでしょうか。具体的に，どの部分に時間を要しているのでしょうか。

　書面審査が要因の一つなのは間違いないでしょう。

　帰化申請は，今も紙の申請書で行われます。正本と副本と呼ばれる紙の書類の束を申請し，正本は本省の法務省で書類左側に二穴パンチで穴を空けられ，黒い紐で閉じられて書類棚に保管されます。副本は管轄の法務局で同様に紐で閉じられてファイリングされます。その書類1枚1枚を審査官がめくって審査をします。

　そして，諸官庁からも関係する書類を全て取り寄せます。出入国在留管理局，税務署，警察署，裁判所等々，申請人に関するこれまでの情報を全て取り寄せ，それらの膨大な紙の書類を丁寧に審査します。例えば，閉鎖外国人登録原票などは手書きで作成されていました。この書類はとても読みにくく解読するのに一苦労です。警察署の調書なども同様です。

　こういった書類と申請人が提出した申請書類を突合させ審査が行われます。

第1章　帰化とは　　19

■ 審査官が足りない

　また，審査に時間がかかる要因は書類審査だけではありません。首都圏に特に多いのですが，申請者の数に対して審査官の数が圧倒的に足りません。審査官1人が担当する申請者の数が多く，日々審査を進めていても，どんどん新しい案件が増えてしまうのです。

　　☞　2024年4月から，東京法務局本局では職員が増員されました。しかし，それにも増して申請者の数が増加し，捌ききれない状況になっています。

■ 時間がかかることを前提に考える

　今後も，審査期間が短縮されることはないでしょう。私の個人的な意見としては，「帰化審査には時間をかけて頂いて結構だ」と思っています。適当な審査により見逃してはいけない事項を見落としたまま許可を出してしまえば，取り返しがつきません。私としては国籍付与という重大な任務を背負っている以上，日本国籍を付与してもよいかどうかをとことん審査して頂きたいと思っています。

　　☞　たまに「帰化許可を3か月でもらった」などという情報をSNSで見かけることがありますが，惑わされないようにしてください。「どの地点から3か月なのか」不明です。
　　　　3か月で許可が出たという発言の威力は大きく，弊所にも「3か月で許可が出た人もいますよね」と言って相談に来る方もいます。しかし，そのような裏技はありませんし，そもそも国籍付与が在留資格の取得や更新と同じような期間で決裁されることはありません。

　早期に許可が欲しいと思うのであれば，書類収集や作成を早期に終わらせ，受付までの期間を短縮するほかありません。

　国籍離脱が不要な方については受付から結果が出るまで約1年，国籍の離脱が必要な方については1年半～2年程度かかると思って申請に臨みましょう。

Q7

申請者　専門家

日本の国籍法と申請者の国籍法の両方が関係するというのは本当ですか？

日本国籍取得の要件

　日本国籍取得の要件は，国籍法に定められています。しかし，日本国籍を取得するまでは申請者は母国の国籍を保有していることになります。

　国籍法5条1項5号に定められているとおり，日本国籍を取得するための要件として，現在保有している国籍を離脱することが求められます。また，逆に国籍法11条に定められているように自らの志望で外国の国籍を取得した場合，または外国の国籍を選択した場合は日本国籍を失います。

　このように，日本では重国籍が禁止されていますが，申請者の母国の国籍法ではどうでしょうか。Q3でもご紹介しましたが，どのような要件で国籍を付与するか喪失するかはそれぞれの国の歴史的背景，人口政策，政治経済の状況等によりますので，各国・各地域によって様々です。

　台湾，ベトナム，ロシアなど，様々な国が重国籍を認めているので，そういった国籍の方に単純に許可を出してしまうと重国籍保有者となります。

　日本政府としては，そういった事態を自ら作り出さないよう，許可を出す前に各国の国籍法を精査します。重国籍を認めている国の国籍の申請者に許可を下す際には，一時的にでも重国籍の状態を作らないように，許可を与える前提として，母国の国籍を離脱することを求めます。

母国の国籍の離脱

　帰化審査が完了し，許可を与えるにふさわしいと判断された申請者には，母国の国籍を離脱する手続きを行うよう審査官から要請があります。国籍離脱の手続きは各国・各地域によって様々で，3か月程度で離脱が完了する国もあれば，1～2年以上かかる国もあります。

　母国の国籍の離脱が完了すると，申請者は一時的に「無国籍」となります。

第1章　帰化とは　　21

無国籍になったら帰化許可を出すという流れです。日本国籍付与を望む場合は，こういった一時的にでも無国籍になることを許容しないといけません。人によっては，一時的にでも無国籍の期間があるのは怖いので，ブランクなく許可がほしいと言う方もいます。当然の感覚です。無国籍の期間に何かあった場合，どの国がその人を保護してくれるのでしょうか。

帰化申請をする際，あるいは審査官との面接の時に，国籍離脱が完了しないと日本国籍が付与されないことが説明されます。そして，この手続きに同意しない限り，日本国籍は付与されません。申請者が日本国籍取得を望むなら，同意せざるを得ないでしょう。

   ☞ 案件ごとに異なりますが，無国籍期間は約2 〜 3か月です。

⬤ 自動的に国籍がなくなる国

中国，韓国などの国籍法では，他国の国籍を取得した際には自動的に自国の国籍が喪失すると定められています。このような国籍法の定めがある国の方は，日本国籍付与の前提としての母国の国籍離脱の要請はありません。日本国籍を付与しても問題ないと判断された申請者には，帰化審査が終了し次第，帰化許可が下ります。

また，ブラジルやフィリピンは，母国の国籍を事前に離脱することができません。そのような国の場合は，国籍法5条2項が適用され，一旦，重国籍になります。

このように，帰化申請では日本と母国の国籍法が関連します。それゆえ，国籍によっては帰化の許可が出るまでに2年以上かかる場合もあるのです（国籍の離脱が不要な国籍の申請者の場合は，申請から許可まで半年で完了する場合もあります）。

   ☞ 帰化申請をしてから許可・不許可の結果が出るまで，様々な国籍の申請者のケースを平均すると，1年〜 1年半でしょう。しかし内訳をみると，国籍の離脱が完了するのに1年以上かかっている場合もあります。

国籍法の改正の影響も

　複雑なのは，国籍法は改正があり得るということです。弊所のお客様の中には，申請時には国籍離脱を前提として帰化申請をしていたのですが，国籍離脱まで進んだ段階で母国の国籍法が改正され，外国の国籍を取得した際には自動的に自国の国籍を喪失するという内容に変わった方がいました。

　☞　本当に国籍法が改正され，運用も行われている場合は，帰化許可の前提としての国籍
　　　離脱の要請が不要になります。申請者自身が母国の国籍法等を注視する必要があります。

　審査官は1人で多くの申請人を担当します。よって，ある国の国籍法が改正されたかどうかを逐一確認している時間がないケースがほとんどです。

　その場合は，申請者自身が母国の国籍法改正の事実を審査官に報告し，個別に相談の時間を設け，審査官に説明する必要があります。

　法務局に限ったことではありませんが，役所の職員には，口頭の説明では不十分です。改正された国籍法原文およびその翻訳，その他自ら事情を説明した事情書や上申書等々，証拠とともに書面での説明書類の用意は必須です。

　もちろん，書面での説明書類を用意すれば改正の事実が認められるという意味ではありません。国籍法が改正されたという申請者からの報告を審査官は鵜呑みにはしません。本当に改正されたかどうか本省の法務省と連携し調査を行います。この調査に数か月かかります。

　ちなみに，二国間の国籍法が関係してくるのは，帰化許可の前提としての国籍離脱を必要とするかどうかだけではありません。母国の国籍法において，国籍喪失要件として納税や兵役の義務の履行が定められているケースもあります。日本の国籍法には定められていない内容が，母国の国籍法に定められている場合もあるので，細かく見ていかねばなりません。そのため，帰化許可は慎重に行われるのです。

Q8

申請者　専門家

最近の傾向はどのようになっていますか（帰化許可申請者数，国籍別帰化許可者数等）？

帰化申請者・許可者数の推移

　毎年，法務省民事局から帰化許可申請者数，帰化許可者数等の推移，国籍別帰化許可者数の数値が公表されています。

　過去20年間の申請者数と許可率を計算してみました。帰化審査には1～1年半程度かかるため，申請した年に許可が下りるケースは稀です。申請の翌年または翌々年に許可・不許可が決定するため，許可率が100％を超える年もあります。

高い許可率の理由

　ご覧になって気づくことがあると思います。不許可者数が少ないことと，および，許可率の高さです。

　単純に考えると，申請すれば高確率で許可が出るものだと思ってしまうかもしれません。

　しかし，実はこれにはからくりがあるのです。

　帰化申請書類を受付してもらうまでには，何度も通わなければならない法務局相談，そして膨大な資料の収集，書類作成を成し遂げる必要があります。こういった試練を乗り越えた方が申請書類を受理してもらえるのです。この途中で挫折して書類受理までたどり着けなかった方も数多くいます。

　また，法務局によっては，相談の段階で帰化の形式的要件を満たしていない方の申請を断るケースがあります。さらに，初回相談時に日本語のテストを行い，このテストに合格できなかった方については，1年後に再度予約をしてテストを受けるように指示され，テストに合格するまで次のステップに進めさせてくれない法務局もあります。

　つまり，水面下には「そもそも申請受理されていない」方がたくさんいるの

帰化許可申請者数，帰化許可者数及び帰化不許可者数の推移

(単位：人)

	帰化許可申請者数	帰化許可者数	帰化不許可者数	許可率(許可者数÷申請者数)
平成16年	16,790	16,336	148	97.30
平成17年	14,666	15,251	166	103.99
平成18年	15,340	14,108	255	91.97
平成19年	16,107	14,680	260	91.14
平成20年	15,440	13,218	269	85.61
平成21年	14,878	14,785	201	99.37
平成22年	13,391	13,070	234	97.60
平成23年	11,008	10,359	279	94.10
平成24年	9,940	10,622	457	106.86
平成25年	10,119	8,646	332	85.44
平成26年	11,337	9,277	509	81.83
平成27年	12,442	9,469	603	76.11
平成28年	11,477	9,554	607	83.24
平成29年	11,063	10,315	625	93.24
平成30年	9,942	9,074	670	91.27
令和元年	10,457	8,453	596	80.84
令和2年	8,673	9,079	900	104.68
令和3年	9,562	8,167	863	85.41
令和4年	9,023	7,059	686	78.23
令和5年	9,836	8,800	813	89.47

(参考元：法務省民事局「帰化許可申請者数，帰化許可者数及び帰化不許可者数の推移」)

です。

　もし，無事に書類を受付してもらったとしても，実質的審査が開始して，申請人に調査が入った際に，過去の警察記録などから帰化の許可を与えるには厳しいと思われる事項が判明したり，審査官との面接で虚偽申告や過去の過ちを自ら告白しないケースなど，日本国籍を付与するのにふさわしくないと思われる事項があった場合などには，審査官から申請の取り下げ打診が行われることもあります。

　この取り下げ打診は，必ずしも従う必要はありません。しかし，このまま審

査を進めていった場合，不許可が出る可能性が高い人に個別に審査官が打診をしてくれるのです。よって多くの方がこの打診に従い，申請を自ら取り下げているのが現状です（ただし，わざわざ申請人に取り下げを打診するかどうかは審査官の裁量にゆだねられています。中には全く取り下げの打診がないままいきなり不許可通知が送られてくるケースもあります）。

　不許可という記録は申請人にとって不名誉なことです。一度不許可が出てしまうと，再申請の際，状況がきちんと改善されているかどうか審査が厳しくなります。よって，自ら取り下げをして，法務局に悪い記録が残らないように審査官が配慮してくれているのです。

　☞　以上のようなからくりがあるため，形式的要件，実質的要件を満たしているだろうと思われる申請者が最後まで残り，許可・不許可の判断を待つことになります。ある程度ふるいにかけられた者だけが残っている状態ですので許可率も高くなるということです。

■　国籍別のデータ

　国籍別で見た場合，どの国の申請者数が多いのでしょうか。直近3年分のデータをご覧ください。

①　朝鮮・韓国・中国が多い背景

　第二次世界大戦前，日本が1895年から台湾を，1910年から韓国・朝鮮を領有していたため，戦前はこれらの地域に住む人々には日本国籍が付与されていました。そして，1952年4月19日，サンフランシスコ平和条約発効直前の民事甲四三八号法務府民事局長通達により，戸籍方針を明らかにしました。

　朝鮮人および台湾人は内地に居住する者も含めて原則日本国籍を喪失する，条約の発効前に内地人と婚姻，養子縁組等の身分厚意により内地の戸籍に入籍すべき事由が生じたものは日本国籍を有する，元内地人であっても条約発効前に朝鮮人，台湾人との婚姻，養子縁組等により内地の戸籍から除籍すべき事由が生じた者は日本国籍を喪失するというものです（木棚照一『逐条 国籍法』104頁参照）。

　そして，1952年4月28日のサンフランシスコ平和条約の発効に伴い，韓国・朝鮮，台湾を返還し，国籍の取り扱いを前述のとおり実行しました。発行年に

国籍別帰化許可者数

（単位：人）

	令和3年 （2021年）		令和4年 （2022年）		令和5年 （2023年）	
1位	韓国・朝鮮	3,564	韓国・朝鮮	2,663	韓国・朝鮮	2,807
2位	中国	2,526	中国	2,262	中国	2,651
3位	ブラジル	444	ベトナム	360	ベトナム	625
4位	ベトナム	269	ブラジル	340	ブラジル	526
5位	フィリピン	237	フィリピン	217	フィリピン	347
6位	ペルー	175	ペルー	185	ネパール	331
7位	バングラデシュ	129	ネパール	139	ペルー	206
8位	ネパール	108	バングラデシュ	125	スリランカ	160
9位	スリランカ	77	スリランカ	80	バングラデシュ	147
10位	インド	66	パキスタン	75	ロシア	108
	その他	572	その他	613	その他	956
	総数	8,167		7,059		8,864

（参考元：法務省民事局「国籍別帰化許可者数」）

は約50万人の韓国・朝鮮人と数千人の台湾人が日本に在留していたと言われています。

　そのような歴史的背景から，日本国籍を喪失したが，以降も日本に在留し続けた韓国人，朝鮮人，台湾人およびその子孫が多く暮らしているのです。1991年に入管法の特例として，上記在留者には「特別永住者」としての在留資格が与えられました。

　☞　法務省の発表では，2023年5月末時点で日本には28万1,218人の特別永住者が在留しているとのことです。

　このような歴史的背景から，帰化申請者数の国籍の上位は韓国・朝鮮，中国となります。

　ちなみに，帰化申請者数の「中国」の内訳は公開されていません。法務省では「台湾」を国として認めず，台湾の申請者の申請書は帰化申請の際にも「中国」と記載するように指導されます。申請者は「台湾」と書くことを希望するケースが多く，その場合は「中国　台湾省」または「中国（台湾）」と記載し

第1章　帰化とは　　27

て申請することが許されています。

　よって，申請者数，許可者数の中で台湾地域の申請者と中国本土の申請者の割合は不明です。日本に在留する外国人の中で中国本土の人々の数は常にトップであり，令和5年6月末に法務省が発表した在日中国人の数は788,495人と，毎年増加傾向にあります。それゆえ，中国人の帰化申請者も常に上位なのです。

②　近年増加する東南アジアの国々

　従来，日系ブラジル人が多く在留する日本では，ブラジル人の帰化申請者数が多くなっていました。近年の特徴として，ベトナム人の帰化申請者数が増加し，ブラジル人を抜いています。さらに，ネパール人，スリランカ人，バングラデシュ人が追随しています。

　このような東南アジア出身者は，以前は年収が安定しておらず帰化や永住要件を満たす方は多くありませんでした。それが，東南アジア出身者でも裕福な家庭を持つ方が増えました。そして，母国の有名大学を卒業し，さらに卒業後には家庭からの仕送りや奨学金を取得して日本の大学院などに留学し，日本の有名企業に就職するような帰化申請者が増えてきています。

　☞　帰化申請者の国籍は，その時々の国際関係，母国の治安，政治・経済などに大きく左右されます。5年ほど前，弊所にご相談に来る方の国籍は，中国，韓国がメインでした。日中，日韓の政治・経済の不安が起こるたびに相談が増えます。中国経済がバブルだった頃は，経済的に潤っている母国に将来的に帰るかもしれないという若者が増え一時期中国人の帰化相談が減りました。最近は，中国経済がまた不安定となった影響か，また増えています。

　　近年は，ネパール人のお客様が急増しています。また，この傾向がいつまで続くのか不明ですが，2022年2月のロシアのウクライナ侵攻以降，ロシア人からの依頼も多くなっています。

第 2 章

帰化申請準備

帰化申請を希望する場合，どのような準備が必要でしょうか。行政書士に依頼すべきでしょうか。行政書士とどのような連携をとるべきでしょうか。心構えをお教えします。

Q9

申請者　専門家

帰化申請できるかどうか，どのように確認すればいいですか？

■　帰化に一つとして同じケースはない

　近年，ネット上にはたくさんの情報が溢れています。帰化の要件を解説した専門家のWEBページなどもたくさんあります。しかし，帰化は個人の状況によって要件や必要書類が様々で，一つとして同じケースはありません。

　☞　「友達は自分で申請して許可がもらえたから自分も大丈夫」などと勝手な自己判断はせずに，専門家または法務局に相談することをお勧めします。

■　過去の在留資格の適正性の判断

　過去の在留資格の適正性の判断について解説します。例えば，国籍法5条1項1号に「引き続き5年以上日本に住所を有すること」という帰化要件が規定されています。これは，単に日本に5年住み続けていればよいという意味ではありません。適正な在留資格をもって，中断されることなく継続して日本に住所を有していることが必要となります。つまり，住民登録ができる中長期在留者として日本に住所を有し，実際に住んでいることが必要です。帰化要件として認められる「適正な中長期滞在可能な在留資格」には，技能実習（現在，国会審議中の育成就労），特定技能1号などは含まれません。

　入管法を正確に理解していない人に相談すると，「5年住んでいるから大丈夫です」と誤った助言をされる可能性があります。

　技術・人文知識・国際業務の在留資格（一般的に「就労ビザ」とよばれる在留資格）で就労していた会社を自己都合で辞めた後，転職先が思うように見つからず，3か月以上経過しても在留資格の変更を行わず，保持している在留カードを使い続けている方をたまに見かけます。その場合でも，多少の期間は入管では大目に見てくれるケースがあります。しかし，帰化審査の際には，そういった過去の在留資格の変更手続き懈怠について問われます。その時点で居住要件を満たしていないと判断され，適正な在留資格を取得してから5年経過し

30

ないと申請できないとして不許可の判断が下されるケースも多々あります。

☞ 弊所には自己申請で不許可になった方からの相談もあります。居住期間の要件について説明すると「知らなかった」と言われます。「入管法に詳しい行政書士に最初から相談してくれたらよかったのに」と思うことがしばしばあります。

■ ピンクカードを持つ行政書士に相談するのがお勧め

　帰化相談は，できれば在留資格に精通している行政書士にすることをお勧めします。来日以来保持していた過去の在留資格が適正なものだったのか，居住期間のリセットがされていないかどうかは，入管法を理解していないと正確に判断できないからです。

　入管法を理解していて，在留資格に精通している行政書士かどうかを見分ける一つの目安は，「入管から申請取次者として承認を受けているか」です。この承認は弁護士または行政書士が取得できるものですが，一度取得したとしても3年に一度，改正された法律等を研修で学んだ上で効果測定を受け，それに合格しないと更新することができません。相談時点で申請取次者資格を有するかを確認しましょう。

　申請取次者は，取次者としての届出済証明書というカードを保持しています（そのカードがピンク色であるため，通称ピンクカードと呼ばれます）。相談時には，カードを提示してほしい旨を伝えましょう。

　また，なぜ申請取次をしている「行政書士」がよいのかと言いますと，入管法に精通する弁護士は多くいますが，実際の申請実務を行う方は多くありません。法律については相談できますが，実務での取り扱いに慣れていないのが通常だからです。

☞ もちろん，申請書を弁護士が作成する場合もあるため，一般論です。

　また，ピンクカードを保持している行政書士であっても，メイン業務が入管業務であるとは限りません。あくまで一つの目安に過ぎず，「ピンクカードを持っている行政書士だから，絶対に大丈夫」という意味ではありません。

第2章　帰化申請準備　　31

法務局の相談員に相談することも可能

　行政書士に相談すると，申し込まないといけないのかと躊躇する方もいるかもしれません。どうしても営業をかけられてしまうのではないかと心配な方は，法務局の相談員に相談することもできます。

　ただし，どの法務局でも相談に乗ってくれるわけではありません。さらに，Q20で解説するように，管轄の法務局に予約を入れて訪問する必要があり，混み合っている法務局の場合であれば，5～6か月先になることもあります。また，平日の日中しか相談できないため，会社員の方などは仕事をお休みする必要があります（法務局によっては初回相談に3時間かける所もあります）。

　また，相談した内容は記録が取られるため，過去の過ちや自分の中で抱いている懸念点を気軽に話してしまうと，その内容が将来にわたって残ってしまう可能性もないとは言えません。

　☞　その点，敷居が低く，気軽に相談できるのが行政書士です。土日も相談可能なことも
　　　多いです。現役で帰化実務をしている行政書士であれば，かなりの精度で帰化の要件を
　　　満たしているかどうか判断してくれるでしょう。

Q10

申請者　専門家

現在帰化要件を満たしていないようですが，いつ申請できるようになりますか？

要件を満たすまで申請すべきではない

Q9で解説したとおり，まずは帰化要件を満たしているかどうかを把握することが大事です。要件を満たしていない場合に，許可が出る可能性はないからです。

要件を満たしていないと判断された場合，要件を満たすまで申請をすべきではありません。不許可が出ることが分かっている状態での申請はお勧めできません。

帰化申請をするには，大量の書類収集，書類作成が必要とされます。時間も労力も要します。不許可が出ることが分かっていながらこのような労力をいたずらに費やすより，要件を満たした完璧な状態で申請に臨む方が，精神衛生上よいでしょう。

☞　要件を満たしていないことを法務局で指摘された場合には，相談員に，「あとどのくらい経過したら申請が可能になるか」を聞きましょう。相談員には審査権限がないので，「あと2年です」などとは明言しないかもしれませんが……。

そもそも，「この状態では厳しい結果が出るかもしれませんね」とだけ言い，不許可の可能性があることを明言しない方もいます（初めて帰化申請を行う外国人にとっては「厳しい結果が出るかもしれません」というような，ぼかした日本語の意味をとりづらい方もいるようですが……）。

その場合は，「現時点で申請した場合に，不許可になる可能性が高いかどうか」を直接的に質問してみるといいかもしれません。法務局の相談員は，相談者の側から質問をすると，とても丁寧に教えてくれる方がほとんどです。

帰化申請に焦りは禁物

現状を把握し，要件を満たすまで待つことも大事です。「少しでも早く申請

第2章　帰化申請準備　　33

したい」「少しでも早く日本国籍が欲しい」と言う方は多いです。住宅ローンを組むためにも，在留資格のことを心配せずに好きなだけ日本で暮らしていくためにも，日本国籍を1分1秒でも早く取得したい気持ちはよく分かります。しかし，日本国籍を取得して残りの人生を日本を拠点に生きていこうと思っているのであれば，3年や5年の経過観察期間は短いものだと考えてください。

☞　例えば，過去に交通違反を繰り返し行っている外国人が「これからは気をつけます」と，言葉で反省の意を述べたところで審査官は信じません。重視するのは，「実績」や「証拠」です。3年間または5年間経過観察をした結果，本当に交通違反をしていなかったことが実績として証明できた場合に，「要件を満たした」となります。

　国籍付与は，法務大臣の広範な自由裁量にゆだねられています。国家の利益保護の観点から，申請者に日本国籍を与えてもよいかどうかを長い期間を使って慎重に審査します。

　個人の状況により，どの要件を満たしていないかは様々です。1年後に要件を満たす場合もありますし，5年または10年経過しないと要件を満たさない場合もあります。要件を満たすまでは焦らずに善良な住人として日本で生活を続けることが大事です。

Q11

申請者

行政書士などの専門家に依頼するメリット・デメリットは何ですか？

帰化申請と入管のちがい

　帰化申請は，申請者本人が日本の国家に対して日本国籍取得の意思表示を申し出て，法務大臣の自由裁量の下で許可・不許可を決定する行為です。よって，申請書を作成し申請すること自体は，1人で行うことが可能です。

　外国人の方は，ご自身の在留資格の更新申請などは出入国在留管理局（通称「入管」）に対して何度も行ったことがあるかと思います。その感覚で帰化申請も自分でできるだろうと思い，自己申請する方も多くいます。

　しかし，帰化申請で扱う書類に関しては，入管に提出する書類とは全く異なります。帰化申請を行う外国人は，「一生に一度」当該申請を行います（もちろん，残念ながら帰化申請したものの不許可という結果になり人生で二度，三度再申請を行う方も中にはいますが，大半の方が一生に一度しか行いません）。

　入管のものとは書式が全く違います。そして記載方法の体裁がとても厳しいのが帰化申請書類の特徴です。法務局のルールに従い，日本語で全て記載をしていない場合，書類の受付をしてもらえない場合もあります。また，帰化申請では，申請人が本国から取り寄せる書類が大量にあります。さらに，日本国内で取得する書類も多く，取得から数か月経過してしまうと取り直さないといけない場合もあります。このような状況を踏まえて帰化申請サポートを行政書士などの専門家に依頼するメリット，デメリットをご紹介したいと思います。

専門家に依頼するメリット

　帰化申請は入管への在留資格に関する申請とは全く異なります。Q5でもご説明しましたが，入管と違い，自己申請する場合，帰化申請するためには管轄の法務局に何度も通い，書類のチェックや修正を行い，本国書類を取り寄せてはチェックを受け，間違った書類を取り寄せた場合は再度取り直しを行います。

第2章　帰化申請準備　　35

国内書類についても有効期限を過ぎてしまうと再度取り直しをしないといけません。

　慣れていない人が帰化申請をしようとすると，相談から書類受付まで1年以上かかります。1年間，会社員としての業務をこなす傍ら，土日などを使って書類収集や書類作成を行い，平日に有給休暇を年に何度も取って法務局に通わないといけません。そのため，仕事の繁忙期になり帰化申請の書類作成ができなくなりそのまま諦めてしまう方もいます。仕事との両立にストレスを抱えてしまう方が多いのが現状です。

　帰化申請には期限がありません。申請人本人が早急に進めたいと思えば早く書類整えて受付までもっていけますし，2年かかってもよいのであればゆっくり進めることもできます。法務局の職員の方から「早くしてください」と言われることはありません。毎回予約を入れて法務局を訪問しますが，この予約に関しても申請者自身の都合で入れることができます。

　☞　初めて相談し，その後面倒になって次の予約を入れず，思い出したかのように2年後に2回目の予約を入れたという方もいます。それでも，法務局の職員は「帰化申請は本人の意思ですから」ということで特にこの2年間どうしていたのかなどは聞いてきません（しかし，2年もブランクが空いてしまうと2年前と状況が変わっている可能性があるため，2回目の相談であっても初回の相談同様に要件チェックから再度やり直しになってしまいます）。

　専門家に依頼すると費用はかかります。しかし，スケジュール管理，書類作成，書類収集など，全て指示に従うことでスムーズに受付まで完了することができます。これが最大のメリットです。

　また，帰化申請は書類を受付してもらったら終わりというわけではありません。受付してもらってから実質的な審査が開始しますが，結果が出るまで約1年かかります。その間に提出した書類に変更事項が発生した場合や，面接の対応など，申請者には様々な不安がつきまといます。そのような時に相談できる専門家が付いているとたいへん心強いでしょう。

　☞　弊所を利用するお客様の多くは，「申請後，結果が出るまでの間も不安だ」という理由で，アフターケア付きのプランを申し込まれます。気になったことがすぐに聞けるの

は，メンタルの安定上大きなメリットです。

　この1年間は，どんなに優秀で問題がないと思われる申請者であっても不安で夜も眠られないという日々を過ごす方もいます。申請後に，「そういえば過去に警察に自転車を2人乗りしていて注意されたことがあったけど，そういったことも審査には悪影響を与えるのか」「以前ネット上に他人の悪口を書いてしまったけど，審査官はそういった情報も見ているのか」など，過去の様々な自身の行動を思い出す方もいます。

専門家に依頼するデメリット

　デメリットは，費用です。自己申請をした場合，書類作成代等の費用は1円もかかりません（もちろん，公的書類を収集する必要はありますので，取得代金はかかります）。

　帰化申請の場合は，入管へ提出する在留資格の申請書類と違い，収集する書類が大量です。そして，専門家は，書類が正しいものなのかをチェックする作業や，書類作成に時間を要します。つまり，専門家に依頼する費用は必然的に在留資格の申請に比べて高くなります。

　　☞　中には年収もそこまで高くないため自身の生活で精いっぱいで，申請に1円もかけたくないという方もいます。また，時間はいくらでもあるため，時間は気にしないという方もいます。自己申請するか専門家に依頼するかは費用対効果を考慮して決めるべきです。

Q12

申請者

専門家に依頼した場合，全て丸投げしてもいいですか？

■ 依頼したからといってノータッチでは完結できない

「日本語の書類を作成するのが面倒だ」「日々の仕事に追われて時間がない」「スムーズに申請を進めたい」という外国人の方は，専門家を利用することをお勧めします。帰化申請サポート業務をメインで行っている行政書士などの専門家に依頼すれば，スケジュールを管理してもらえるので，安心です。

しかし，帰化申請は，専門家に依頼したからといって，申請者がノータッチでは完結できません。他の在留資格の申請と比べ物にならないくらい，申請者本人が協力する必要があります。

■ 本国書類の収集は本人や親族しかできない（韓国領事館で取得する場合を除く）

なぜ申請人が積極的に関わっていかないといけないのでしょうか。帰化申請をするためには，本国から取り寄せる書類，日本の官公庁で取得すべき書類，そして作成すべき書類を全て整え，正本と副本を用意し提出する必要があります。

帰化申請を始める場合，一般的に，本国書類を収集することからスタートします。この収集は，行政書士やその他の専門家が行うことができません。本国にいる親族に日本に書類を郵送してもらったり，あるいは親族等が本国にいない場合は，自身で本国の役所で取得しないといけません。

日本国内の書類収集であれば，代理取得できる書類の収集を専門家に依頼することは可能です（法務局にもよりますが，国内書類の有効期限は3か月の場合が多いため，申請のタイミングを考えながら収集する必要があります）。

■ 書類作成は二人三脚で

　そして，申請者が最も苦労するのが書類作成です。法務局に提出しなければならない書類の詳細はQ19で伝えますが，多岐に亘ります。

　例えば，「履歴書その1」という書類がありますが，申請者が生まれてから現在までの住所歴，学歴，職歴，身分事項の変更などを全て時系列に並べて書く必要があります。そして，びっくりするほど独特な書式なので，法務局のルールに従った体裁を外国人の方が整えるのは難易度が高いのです。

　この書類への記入に関しては，帰化申請に慣れた専門家に丸投げしてもよいでしょう。しかし，ここに記載する内容は，予め申請者が情報提供する必要があります。どこに住んでいたのか，いつ引っ越したのか，どんな学歴なのか等々，書類を作成する側は情報がなければ作成できません。

　もちろん，一度で書類が完成するわけではありません。申請者に確認をとりつつ，時には修正を入れ，矛盾の無いように仕上げます。まさに，専門家とお客様との二人三脚です。本国で生まれた後，幼い頃に引っ越しなどをしている場合は，住所やその年月日を思い出すのは大変なことだと思います。帰化申請では，申請者の記憶の限り時系列に沿って正しく履歴を書く必要があります。記憶が定かでない場合は，履歴書に矛盾が生じる場合があるので，他人の目で見てもらい，一緒に修正等を加える必要があります。会社員として働きながら，夜や土日にこの作業を行うことは大変です。

　　☞　帰化申請はご自身のタイミングで行うことができます。在留期限などのように提出期限が決まっていて，それまでに申請を行わないと更新ができない等の性質のものではありません。それだけに自分との闘いになります。中には，日々の仕事が忙しくなり，面倒になって途中で諦める人もいます。専門家に依頼することはとてもメリットのあることですが，お金を払ったからといって完結はしません。

Q13

申請者　専門家

準備開始のタイミングや申請までのスケジュールはどうな
りますか？

法務局によってルールがちがう

　帰化申請のスケジュールを立てるのは，とても難しいです。理由は，申請者
が書類を全て整えて明日にでも法務局に提出しようとしても，法務局は完全予
約制だからです（Q22で詳しくご紹介します）。首都圏の法務局は大変混み合い，
初回の予約までに3〜5か月待ちという場合もよくあります。入管のように申
請したいタイミングにいつでも書類を持って行けるというわけではないのです。

　しかも，法務局によって段取りが異なり，書類が全て整っていれば初回の訪
問時に受付をする法務局もあれば，3〜4回通わないと受付をしない法務局も
あります。そういった法務局では，何回目の訪問で何をするのか内部の厳格な
ルールで運用されています。いくら初回訪問時に全ての書類が整っていても，
初回は要件チェックや日本語のテストをする回，2回目の訪問時は母国から取
り寄せた書類のチェックを行う回などと決まっているのです。

　もし仮に，申請者が法務局のルールに則って，数回訪問し，全ての書類の確
認が終わってから受付をしてもらうという流れで進める場合は，事前準備は不
要です。

　初回，法務局に申請者ご自身だけで訪問し，法務局の職員の指示に従い，2
回目訪問時までに収集すべき書類を集め，集まった時点で2回目の訪問予約を
入れるなど，法務局の指示に従って進めればよいでしょう。しかし，5か月待
ちの法務局に当たってしまった場合は，受付までに1年半〜2年程度かかりま
す。受付からようやく実質的な審査開始となりますので，さらに1〜1年半か
かります。

なるべく早く受付してもらいたい場合

　なるべく準備期間を短くし，受付を早めたいという場合は，法務局訪問予約

よりも前に専門家に相談しましょう。法務局予約日より3か月程度前が理想です。

　事前に帰化の要件を満たしているかチェックしてもらい，充たしていれば母国の書類収集を開始します。続いて和訳を進めます。帰化申請書類の中に外国語の書類がある場合は和訳を別途作成しないといけません。

　　☞　和訳は誰が行ってもよく，申請者ご自身で行っても翻訳会社などに外注しても大丈夫です。Q16で詳しく解説しますが，韓国や台湾の方の場合は翻訳すべき書類が多く発生します。その他の国籍の場合は，そこまで本国書類が多くなく，申請者が和訳をすることも多いです。

　和訳を進めながら，日本国内の書類を同時進行で収集します。そして，その間に専門家が作成すべき書類を作成し，約3か月間で全て準備を整えます。

　初回訪問時に受付まで行ってくれる法務局であれば，本国書類と国内書類の収集，作成すべき書類を全て持参すれば受付してもらえます。

　一方で，初回受付不可の法務局の場合は，上記の中で国内書類だけは収集しない状態で初回訪問することをお勧めします。なぜなら，国内書類は有効期限を取得から3か月とする法務局が多いのです。せっかく収集した国内書類を受付してもらえない場合，次回訪問するまでに有効期限が切れてしまいます。

　　☞　初回に持参した書類をチェックしてくれる法務局は多いです。国内書類以外の全ての書類が整っていれば，2回目訪問時に受付または書類チェック日としてもらえるため，時間短縮になります。

● 必要書類一覧表

　初回法務局を訪問すると，形式的に要件をチェックされます。簡易的にでも要件を満たしていると判断されれば，「必要書類一覧表」が渡されます。どんな書類を収集したらよいのかについても，職員から説明があるでしょう。

　ただ，初回訪問より前に専門家に相談に行き，申請サポートを依頼していれば，収集すべき書類を事前に整えることが可能です。

　　☞　経験の浅い専門家だと，必要書類が漏れることがあります。少なくとも100件以上のケースを取り扱ったことのある帰化専門の行政書士などに相談することをお勧めします。

第2章　帰化申請準備　41

個々の状況によって必要書類は違ってきます。また，国籍によっても収集する書類が異なります。正確な書類一覧表を提示できるかどうかは経験値に基づきます。

例えば，母国の両親を扶養家族に入れているケースなどは，海外送金記録の提出が必要となります。子どもが児童手当を受給している場合は，児童手当受給証明書が必要となります。

東京法務局本局とその他の法務局の例

それではここで，2つの例をご紹介します。

1つ目は，東京法務局本局において，最短で受付まで持っていくケースです。そして2つ目は，さいたま法務局やその他全国で多く採用されている，数回通うとようやく受付をしてくれる法務局のケースです（どちらも行政書士などの専門家に依頼した場合を想定）。

☞ 書類を小分けに指示する法務局，および書類に不備があるケースなどの場合は更に数回訪問が必要な場合もあります。

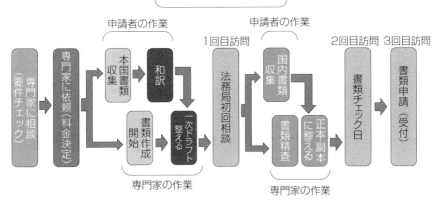

第2章 帰化申請準備

Q14

申請者　専門家

普通帰化の要件を具体的におしえてください

■ 国籍法5条1号～6号

　帰化の許可・不許可の決定は法務大臣の自由裁量です。ただ，全く要件が公開されないわけではありません。国籍法5条には，日本国民でない者（外国人）は帰化によって日本の国籍を取得することができる旨が定められ，明確な内容ではありませんが1号から6号において要件が列挙されています。これが原則的な帰化要件です。他にも国籍法6条から9条において何らかの緩和要件を満たした外国人の帰化要件（簡易帰化要件）が列挙されています（簡易帰化についてはQ15で解説します）。

　　☞　普通帰化が認められるためには，国籍法5条に列挙されている要件を少なくとも満たす必要があります。そして，この要件を満たすからといって必ずしも帰化の許可が下りるわけではありません。例えば，国籍法5条3号などには「素行が善良であること」と規定されているのみで，どの程度善良であるかは具体的に述べられていません。よって，帰化申請については，ひとりひとりの状況に応じて専門家に相談しながら事前に十分に検討する必要があります。

■ 6つの要件＋日本語能力が必要

　まずは基本となる6つの要件を確認しましょう。さらに，条文にはありませんが，日本語能力についても対応する必要がありますので最後に述べます。

① 居住要件（国籍法5条1項1号）「引き続き5年以上日本に住所を有すること」

　「引き続き」とは，申請者が帰化申請をする時から遡って5年間，日本に継続して居住していたかどうかということです。継続といっても，1日たりとも海外に出国していたら継続性が中断されるわけではありません。

　過去5年間のうち，日本を出国していた期間が連続して3か月以上なく，か

44

つ，年間で合計100日以上日本を離れることなく日本に住み続けていれば大丈夫です。ただし，上記の日数は公表されていません。目安としてお考えください（10年以上前はもう少し緩い基準でしたが，現在は概算ですが，上記の日数で運用されているようです）。

　上記の日数を超えて日本を離れると，「引き続き」日本に居住したとは認められず，在留期間の中断があったとみなされます。その場合は，改めて中長期在留できる正規の在留資格をもって日本に居住を開始した日から，5年のカウントを再開します。

　また，単に5年以上引き続き日本に在留していればよいわけではなく，その5年間のうち，技術・人文知識・国際業務，高度専門職，経営・管理などの就労系の在留資格で3年以上就労している必要があります（これは国籍法には具体的な記載はありませんが，法務局での取り扱いがそのようになっているのが現状です）。

　社員の別に関しては，正社員，契約社員，派遣社員等であれば安定した身分として認めてもらえます。一方，アルバイト等で働いている場合は3年以上勤務していても就労期間にカウントされません（ただし，上記の就労系の在留資格を保有している方であれば正社員，契約社員，派遣社員のいずれかに該当すると思われますので問題ないと思慮します）。このことから，家族滞在の在留資格などを保有して資格外活動許可を得て週28時間以内でアルバイト勤務をしている方は，単体では帰化申請できません。

　最後に，1点例外をご紹介します。原則としては上述のとおり，5年以上引き続き日本に在留しているうえで，かつ3年以上の就労期間が必要です。ただし，国籍法6条1項3号（「引き続き10年以上日本に居所を有する者は，その者が前条第1項第1号に掲げる条件を備えないときでも，帰化を許可することができる」という条文）では，引き続き10年以上日本に居所を有し，そのうち1年程度就労していれば，許可が下りる可能性があるとしています。条文上は単に「10年以上日本に居所（居住する場所）を有する者」となっていますが，法務局内部の運用では就労経験や収入があるかないかなども審査対象としているようです。よって，無職の方などは帰化の許可の可能性が低いでしょう。現在を含め，少なくとも1年以上の就労経験が必要です。

　　☞居住要件は普通帰化の要件より加重されています。就労要件は緩和されているので，

Q15の緩和要件にも列挙しています。

② 能力要件（国籍法5条1項2号）「18歳以上で本国法によつて行為能力を有すること」

日本では，成人年齢は18歳です。よって，まずは申請時点で18歳以上であることが求められます。ただし，18歳未満であっても，親と同時申請する場合など，例外的に申請可能なケースもあります。

さらに，本国法でも成人していることが必要です。国によって成人年齢は異なりますので，申請者の国での成人年齢を確認する必要があります。例えば，韓国や台湾などでは20歳，シンガポールやインドネシアなどでは21歳で，米国などでは州によって成人年齢が異なります。

③ 素行要件（国籍法5条1項3号）「素行が善良であること」

要件がとても曖昧な規定です。一般的には，年金保険料，税金，その他不定期で発生するような贈与を受けた場合の贈与税などをきちんと納税していること，交通違反（駐車違反，スピード違反含む），前科，犯罪歴がないことを指していると言われます。年金，税金，交通違反について，具体的に触れていきます。

● 年金について

10年以上前の帰化審査ではあまり重要視されていませんでしたが，現在は年金保険の加入状況，保険料の支払い状況についても審査が及びます。

健康保険料の支払いについても審査が及びますが，国民年金や厚生年金への加入状況，保険料の支払いについてはさらに厳しく審査が行われます。これらは健康保険法，国民健康保険法，厚生年金保険法，国民年金法等に違反していないか審査をしているのです。

会社員の方で給与から保険料が天引きされている場合は問題ないでしょう。しかし，そういった方でも転職の際に前職の退職日と転職先での入社日との間に無職の期間があるケースがあります。その場合，そのブランク期間が1日だとしても国民年金に自身で加入して国民年金保険料を支払う必要があります。

46

また，会社が厚生年金に加入していない場合もあります。その場合は自身で国民年金に加入して国民年金保険料を支払う必要があります。もし，国民年金に加入していない場合は，帰化申請するまでに加入手続きを行い，遡及して過去2年分支払うようにしましょう（以前は1年分払えばよかったのですが，法務局にもよりますが，近年は2年分払うように言われることが多いです）。

☞　今まで加入していなかった方にとってはまとめて2年分支払うのは大変かもしれません。しかし，「帰化」申請は，過去の未加入，未払い分について遡及して支払うことで申請可能にしてくれるので，とても好意的な審査基準と言えます。一方，入管での「永住」許可申請の場合，過去の未払いを遡及して支払っても実績になりません。未払い分を支払ってから数年間継続して支払っている実績を積まないと申請しても不許可となります。

また，会社経営をしている方などは注意が必要です。株式会社や合同会社の一人社長であったとしても厚生年金保険加入は必須です。その他，個人事業主であっても従業員が常時5人以上いる場合は加入が必須となってきます。こういった，会社が遵守すべき法律の遵守状況も審査項目です。ちなみに，個人事業主で厚生年金保険加入が必須ではないケースでは国民年金保険に加入し保険料を支払っている必要があります。

その他，申請者本人が法律を遵守していても，同居の親族，例えば配偶者が年金未払いのケースでは審査に悪影響を及ぼしますのでご注意ください。これは，当該親族が帰化申請人でなくとも影響します。

● 税金について

会社員は，住民税が会社の給与から天引き（特別徴収）されているケースと自身で市区町村長役場に支払う（普通徴収）ケースがあります。前者のケースは問題ありません。しかし，後者のケースにおいて時々支払っていない場合が見受けられます。会社発行の給与明細書の「地方税」「住民税」「市区町村税」などと書かれた欄から控除額がない場合，普通徴収の可能性があります。自身で市区町村長役場の窓口に行き，遡って2年分支払うようにしましょう。

☞　この「2年」という期間ですが，以前は1年分程度支払えばよいとされていま

第2章　帰化申請準備　　47

た。近年は未納として追納できる最大期間分を支払っていなければ許可が出にくくなっています。

また，同居の親族がいる場合は，前述の年金保険料同様，審査に悪影響がないよう支払い状況を確認するようにしましょう。

さらに，扶養家族がいる場合は注意が必要なケースがあります。源泉徴収票の扶養の欄に扶養家族の人数や氏名が記載されている場合で，その被扶養者がアルバイト等をしており年間の扶養控除額以上の収入を得ている場合は，本来は扶養できませんので扶養を外さないといけません。このままの状態で帰化申請をすると不許可になる場合がありますので，必ず扶養から外す手続きをしたうえで「修正申告」してください。

もし仮に，日本国外に居住する申請者の親族を扶養家族に入れている場合で，本来の扶養の主旨に反して扶養をしている場合はすぐに扶養を外して修正申告するようにして下さい。2016年から国外扶養親族の条件が既に厳しくなっていますが，2023年分からさらに厳しくなっています。

☞　虚偽の扶養をしている人は以前より少なくなりました。「扶養者がいると帰化申請者の税金の納税額が少なくて済む」という目的で，国外親族を扶養に入れるのは絶対にやめましょう。帰化審査では親族の状況等も審査対象です。虚偽申告は帰化申請で一番やってはいけないことですので注意が必要です。

その他，税金関連で挙げると，会社経営をしている方は，個人としての納税義務と，法人または個人事業主としての納税（法人税，法人事業税，事業税，消費税等の納税）義務も果たしている必要があります。

● 交通違反について

交通違反にも色々ありますが，特に，運転免許証をお持ちの方で，毎日運転する，または年に数回運転するという方はご注意ください。

駐車違反，座席ベルト装着義務違反など，一般的に軽微に思われる反則行為であっても，数回繰り返している場合は，法律違反として帰化審査上悪影響を及ぼします。

2022年から法務局内部の運用がさらに厳しくなり，過去2年間のうち3回以上反則がある場合は不許可となる可能性が高くなりました。さらに，過去5年間のうち4回以上反則がある場合も不許可となるようです。この回数につきましては法務省から公表はされていないのであくまで目安です。

　☞　一般道で30km以上のスピード違反，高速道路で40km以上のスピード違反をして検挙された場合は罰金刑となります。罰金刑が科せられた場合は，その罪の重さにもよりますが罰金を払ってから3年から5年は帰化申請をしないことをお勧めします。申請しても不許可になるでしょう。

④　生計要件（国籍法5条1項4号）「自己又は生計を一にする配偶者その他の親族の資産又は技能によつて生計を営むことができること」

　申請者ご自身，または一緒に暮らしていてお財布を共にする親族（配偶者や親など）の収入によって，生計が成り立っていることが要件とされます。

　具体的にどのくらいの年収があればよいのでしょうか。収入が低くとも赤字にならずに生活できていれば問題ないのでしょうか。

　以前は年収の目安がなく，収入が低くとも許可が下りるケースも多々ありました。しかし，この要件についても2022年から内部の運用が厳しくなり，年収の目安が一家で300万円以上ないと生計が安定していると認めてもらうことが難しくなりました。

　収入から家賃，光熱費，食費等々を差し引いたうえで，安定的に収支が成り立つレベルとしての年収基準のようです。さらに，同居の扶養家族が多くなればこの年収基準は高くなります（全国的に同じ基準で運用され，法務局によって差異はありません）。

　このように生計の安定性が確保できていない方は不許可の可能性がありますので，現在65歳未満の無職の方の中で他に収入源がない場合は就職先が決まり，安定した収入が得られるようになってから帰化申請されることをお勧めします。

　働き盛りの年齢の方の場合は，不動産や株式などの保有資産額が多いことよりも会社員や経営者として毎月安定した給与収入または役員報酬が入ってくるほうが生計の安定性が認められます。貯金額が少ないことを気にする方がいますが，それよりも，同じ会社に長く勤務して安定した収入が得られているとい

第2章　帰化申請準備　49

う実績を作ることに注力しましょう。

☞貯金額が少ないからと親から借りて自身の銀行口座に入金する申請者がいますが，これは逆効果です。面接の際に，誰からもらった何のための資金なのか厳しく問い詰められます。近年はマネーロンダリングに関与しているかどうかも審査されますので，あらぬ疑いをかけられるような細工はしないようにしてください。

　また，収入が多いほど帰化許可が出やすいと勘違いされている方が多いので触れますが，年収は300万円程度で十分で，それよりも，「入ってきた収入の範囲内で慎ましく生活しているか」どうかが見られます。多額の月収でも，浪費が多く，収入よりも支出が多い場合は悪い評価となります。住宅ローン，自動車ローン，クレジットカードのキャッシングなど，ローンがあっても構いませんが，毎月の返済が滞っていないことが大事です。

⑤　喪失条件(重国籍防止条件/国籍法5条1項5号)「国籍を有せず，又は日本の国籍の取得によつてその国籍を失うべきこと」

　日本は二重国籍を認めていませんので，日本国籍を取得した際には，元の国籍（本国の国籍）を失うことができることが要件とされています。

⑥　思想要件（国籍法5条1項6号）「日本国憲法施行の日以後において，日本国憲法又はその下に成立した政府を暴力で破壊することを企て，若しくは主張し，又はこれを企て，若しくは主張する政党その他の団体を結成し，若しくはこれに加入したことがないこと」

　日本の政府を暴力で破壊することを企てたり主張するような者，あるいはそのような団体を結成したりそのような団体に加入しているような方は帰化が許可されないことになります。具体的にはテロリストや暴力団員などが挙げられます。

◼ 日本語能力要件

　国籍法からの要件ではありませんが，日本語の能力が求められます。
　帰化後は日本人として生きていくことになるので，選挙の際の投票用紙への

記入，その他日常生活で日本人として一般的に暮らしていくことができる程度の日本語の能力が必要となります。

　帰化申請後，審査官との面接があります。審査官次第ではありますが，日本語のペーパーテストが実施される場合があります。日本語で日常的な内容の読み書きができるレベル（小学校3〜4年生程度の日本語能力。日本語能力試験（JLPT）だと，N3からN4レベル）を習得する必要があります（どのような内容がテストされるのかについてはQ23）。

☞　7つの通常の帰化要件を見てきました。しかし，繰り返しになりますが，上記を満たすからといって必ずしも帰化の許可が下りるわけではありません。近年は在留資格の変遷などの審査も厳しく行われるようになってきています。入管法上の在留資格の範囲内で活動していたか等です。例えば，技術・人文知識・国際業務の在留資格（いわゆる就労ビザ）保有の方が会社を辞め，6か月間無職だったとしても，入管のほうからは在留資格を変更しなければならないということを厳しく注意されないことが多いのです。しかし，帰化審査では，これを入管法違反とみなすため，審査に悪影響を与えます。

　前述の7つの要件を満たしているから大丈夫だと自己判断するのは危険です。

7つの要件まとめ

	要　件	具 体 的 な 内 容
1	居住要件	継続して5年以上日本に住んでいること
2	能力要件	現在18歳以上であり，本国法でも成人していること
3	素行要件	素行が良いこと 審査ポイント一例 年金・健康保険／納税／交通違反／前科・犯罪履歴／家族の素行／経営者としての法令遵守状況
4	生計要件	申請人自身または同居の親族の収入や資産で生活できること
5	喪失要件	日本は二重国籍を認めていないため，帰化した際に本国国籍を離脱することが可能であること
6	思想要件	政府を暴力で破壊することを企てたり，主張したり，そのような政党や団体を結成したり，これに加入したことがないこと
7	日本語能力要件	日本で日常生活をするために必要な読み書きができる日本語能力レベルを有していること

第2章　帰化申請準備　51

Q15

申請者　専門家

簡易帰化の要件を具体的におしえてください

　Q14ではオーソドックスな帰化要件（一般要件）について解説しました。Q15では，一般要件を満たしていない場合でも，日本と所縁のある方については一定程度要件が緩和されるケースについて解説します（なお，要件が緩和されるだけなので提出する書類まで簡素化されるという意味ではありません）。

　申請者の状況によって緩和される内容が異なります。緩和要件は次の①～⑨のとおりです。

■　国籍法6条1項

　日本国民と血縁関係を有するか，あるいは日本と一定の地縁関係を有する場合で現在日本に居住している外国人について「居住要件」を緩和するものです。

①　「日本国民であつた者の子（養子を除く。）で引き続き3年以上日本に住所又は居所を有するもの」（国籍法6条1項1号）

　例えば，外国で生まれて外国の国籍を取得した日本国民で日本国籍留保の意思表示をしなかった人や，外国籍を取得したことで日本の国籍を喪失した人との間に実親子関係があるとされる方に適用されます。

　そのような方が帰化申請する場合，日本に3年以上住所または居所があり継続して住んでいる必要があります。

②　「日本で生まれた者で引き続き3年以上日本に住所若しくは居所を有し，又はその父若しくは母（養父母を除く。）が日本で生まれたもの」（国籍法6条1項2号）

　この条文は少々読みにくいのですが，①日本で生まれ，かつ，継続して3年以上日本に住んでいる場合，または，②日本で生まれ，かつ，父母のどちらかが日本で生まれている場合の2つを指します。後者の場合は居住要件が緩和または免除されます。

52

③ 「引き続き10年以上日本に居所を有する者」（国籍法6条1項3号）

　長く継続して日本に住んでいる外国人に対しては住所ではなく「居所（居住する場所）」があれば帰化申請できるものとされます。ただし，Q14でも触れましたが，居所があるだけでは実務上許可の可能性が低く，1年以上の就労経験も問われます。

■ 国籍法7条

　ここでは，「居住要件」と「能力要件」が緩和または免除されます。

④ 「日本国民の配偶者たる外国人で引き続き3年以上日本に住所又は居所を有し，かつ，現に日本に住所を有するものについては，法務大臣は，その者が第5条第1項第1号及び第2号の条件を備えないときでも，帰化を許可することができる」（国籍法7条1項前段）

　本条は，日本人の配偶者である外国人については，居住要件，能力要件を緩和または免除するというものです。日本に3年以上継続して居住している場合，日本法上の婚姻届を提出し日本人の戸籍に婚姻の事実が反映され，婚姻が公証できるようになった日以降に申請可能となります（帰化申請の際，日本人の配偶者がいる場合，婚姻の事実が記載された戸籍謄本の提出が必須となります）。

⑤ 「日本国民の配偶者たる外国人で婚姻の日から3年を経過し，かつ，引き続き1年以上日本に住所を有するものについても，同様とする」（国籍法7条1号後段）

　同様に，日本人の配偶者である外国人については，居住要件，能力要件を免除するというものです。昭和59年改正国籍法施行以前に認められていた，外国に居ながらにして日本に帰化することは現在できなくなっており，一定期間居住し日本の社会との結びつきを確保した上で申請するよう求めたものと思慮します。よって，帰化申請時点で婚姻から3年経過しており，日本に1年以上継続して住み続けていれば申請可能となります。

第2章　帰化申請準備　53

■ 国籍法8条

国籍法8条では，「居住要件」「能力要件」および「生計要件」が緩和または免除されます。しかし，申請者自身の生計要件は免除されますが，実務においては扶養者である申請人の親などの生計が安定していることを求められることが多いです。

⑥ 「日本国民の子（養子を除く。）で日本に住所を有するもの」（国籍法8条1項1号）

申請者が帰化申請する時点において父母のいずれかが日本国籍であればよく，または，帰化申請時に死亡していてもその死亡当時に日本国民であればこの要件に該当します。

海外で日本人の両親の間に生まれた子については，出生後3か月以内に在外公館（日本大使館または領事館）に出生の届出をしないと日本の戸籍に日本人の子として記載されません。また，日本国籍留保の届出をしない場合は出生の時に遡って日本国籍を失います。

  ☞ お客様の中にはブラジル人の帰化申請者は多くいますが，両親が日本国籍で，申請人をブラジルで出産した際にブラジルにある日本大使館へ出生届を出さなかったために，両親はブラジル在住の日本国籍であるにもかかわらず，申請人だけブラジル国籍であるケースが実際にあります。

⑦ 「日本国民の養子で引き続き1年以上日本に住所を有し，かつ，縁組の時本国法により未成年であつたもの」（国籍法8条1項2号）

典型例としては，日本人が未成年の外国人を養子とする場合や，養子縁組自体は外国人間でなされたが，後に養親のみが日本国籍を取得した場合などが考えられます。本国法において未成年であることが求められます（本国法で成人年齢が21歳の国や地域もあるので，その場合は本条の緩和要件が適用されます）。

⑧ 「日本の国籍を失つた者（日本に帰化した後日本の国籍を失つた者を除く。）で日本に住所を有するもの」（国籍法8条1項3号）

かつて日本国籍を有していた者については日本社会と特別な関係にあったと

して簡易に帰化を認めることを謳っています。近年，若かりし頃に海外で活躍されそのまま外国籍を取得して日本国籍を喪失し，その後，老後は住み慣れた日本で余生を送りたいという理由で日本国籍を再度取得される方が増えてきております。弊所でも海外からそのようなご相談を多く頂くようになりました。

⑨ 「日本で生まれ，かつ，出生の時から国籍を有しない者でその時から引き続き3年以上日本に住所を有するもの」(国籍法8条1項4号)

　例えば，両親が外国人同士で，その子どもが日本で生まれたがどちらの国籍も取得しないで無国籍となる場合があります。そのような状況下においては，その子どもが未成年であったとしても，無国籍者をできる限り減少させようという観点から緩和要件が定められたのでしょう。

第2章　帰化申請準備　　55

緩和される要件まとめ

	居住要件 継続して5年以上日本に住所を有している	能力要件 18歳以上であり,かつ本国法でも成人している	生計要件 自己または生計を一にする親族の資産等で生計可能である
1. 日本人であった者の子 (国籍法6条1項1号)	○ 3年に緩和 居所でOK	×	×
2-1. 日本で生まれた者 (国籍法6条1項2号前段)	○ 3年に緩和 居所でOK	×	×
2-2. 父母が日本で生まれた者 (国籍法6条1項2号後段)	◎ 免除	×	×
3. 継続10年以上日本に居所を有する者 (国籍法6条1項3号)	○ 免除（居所でOK）	×	×
4. 日本人配偶者がおり,かつ,現在日本に住所がある者 (国籍法7条1項前段)	○ 3年に緩和 居所でOK	◎ 免除	×
5. 日本人配偶者がおり,婚姻から3年経過している者 (国籍法7条2項後段)	○ 1年に緩和	◎ 免除	×
6. 日本国民の子で日本に住所を有する者 (国籍法8条1項1号)	◎ 免除	◎ 免除	◎ 免除
7. 日本国民の養子,かつ縁組時に本国法で未成年であった者（国籍法8条1項2号)	○ 1年に緩和	◎ 免除	◎ 免除
8. 日本国籍を失い,日本に住所を有する者 (国籍法8条1項3号)	◎ 免除	◎ 免除	◎ 免除
9. 日本生まれ,かつ出生時から無国籍の者 (国籍法8条1項4号)	○ 3年に緩和	◎ 免除	◎ 免除

※緩和＝○, 免除＝◎, 緩和・免除されない場合＝×

Q16

申請者　専門家

本国から取り寄せる書類にはどのようなものがありますか？

　帰化申請書類には，本国から取り寄せる書類，国内で取得する書類，作成すべき書類の3種類があります。本国の書類の収集は，帰化申請手続きに取りかかったら，すぐに開始すべきです。

　国籍や個々の状況によって必要書類は異なりますが，本国から取り寄せる書類は基本的には身分を証する書面がほとんどです。具体的には，出生，婚姻，離婚，死亡などに関する書類です。

　国籍によっては，出生証明書などの証明書が原則として一生に一度しか発行されない場合もあれば，何度でも発行してくれる場合もあります。または，戸籍によって証明するパターンもあれば，公証書によって証明するパターンなど様々です。以下，代表的な例をご紹介します。

　☞　申請人の個々の状況をヒアリングしないと必要書類は正確には答えられません。個別
　　具体的な相談は，専門家にお願いしましょう。

⬤　台湾

　台湾の身分関係書類は戸籍謄本，除籍謄本です。この書類の中に身分事項が時系列で記載されているため，基本的には身分関係が公的に証明可能となります。現在，コンピュータによるオンライン管理がされているため，本籍地以外の台湾国内のどの戸政事務所であっても，戸籍謄本，除籍謄本の取得が可能です。台湾にいる親族の方に取得してもらい日本に送ってもらう方法が一般的です（ただし，一部，古い時代の手書きの戸籍謄本，除籍謄本は，現在でも本籍地でしか取得できない場合がありますのでご注意ください）。

　なお，台湾の戸籍制度は，日本と違って，戸籍と住民票を合わせたような形態です。戸長が管外住所移転をするたびに，新たな戸籍が生まれます。人によっては帰化申請の際に十数冊もの戸籍謄本や除籍謄本を収集しないといけない場合があります。

第2章　帰化申請準備　　57

● 韓国

韓国では2007年12末まで戸籍制度がありました。現在廃止されているため新たに戸籍が作成されることはありませんが、除籍謄本として取得可能です。そして2008年1月からは新しい家族関係登録制度が開始し、本人を基準とする5つの事項に関する登録がされ、5種類の証明書を発行することができます。この5種類の証明書には日本の戸籍制度でいう「本籍地」を意味する「登録基準地」が記載されます。

帰化申請の際には除籍謄本の取得も必要となります。戸主が変わったり、転籍や分籍をすると新しい戸籍が編製されているため、人によっては数冊もの除籍謄本を取得する必要が生じる場合もあります。直近の除籍謄本を取得することからまずは始めることになりますが、その際、登録基準地と戸主の情報が必須となります。在日韓国人の中には、登録基準地がわからないという方もいますので、その場合には基本証明書などの証明書類を取得し、登録基準地を確認することをお勧めします。

あるいは、入管から閉鎖外国人登録原票を取り寄せて、その中の「国籍の属する国における住所又は居所」という欄を確認するという方法もよいでしょう。韓国人の場合は原則としてここに登録基準地が記載されています。

一般的に、韓国の方が帰化申請する際に必要となる本国書類は以下のとおりです。

・基本証明書　　　　　　　　　　・入養関係証明書
・家族関係証明書　　　　　　　　・親養子入養関係証明書
・婚姻関係証明書　　　　　　　　・除籍謄本

除籍謄本は、電子化される前の手書きの謄本と電子化された謄本の両方が必要になるケースがあります。手書きの時代の謄本は文字がつぶれていて読みにくい場合がありますが、原則全ての外国語書類には和訳を付ける必要がありますので、手書きの除籍謄本をご自身で和訳するのが難しい場合は翻訳会社などに依頼することをお勧めします。

韓国書類は、韓国でも取得が可能ですが、日本にある大使館領事部または領

事館においても取得が可能です。第三者でも委任状によって代理取得が可能なので，行政書士事務所に依頼して取得することもできます。

☞　日本国内で本国書類の収集ができる点は帰化申請の際とてもありがたいことだと思います。

■　中国

中国の書類は，中国にある「公証処」で発行してもらうことになります。公証処は日本の公証役場にあたる役所です。中国にいる親族に書類を取得してもらい，日本に送ってもらうのが一般的です。

中国には戸籍制度はありません。そのため，証明する内容ごとに公証してもらいます。これらの書類は届出をした地域を管轄する公証処で発行されます。つまり，親族の方にお願いして戸口簿，身分証，出生医学証明書等の書類を持参して公証してもらうことになります。

ただし，中国書類の場合は，省によっては出生公証書を発行してもらえないことがあります。また，離婚や，一方が死亡をした場合は結婚公証書が発行されないことがあります。その他，日本生まれの方は出生公証書が発行されませんし，日本の中国大使館でも出生届等の証明書は発行されません。この場合は代替書類によって出生の事実を証明する必要があります。代替書類が何かについてはケースバイケースになるため，個別具体的には行政書士などの専門家に相談しましょう。

一般的に，中国人が帰化申請する際に必要となる本国書類は以下のとおりです。

・出生公証書　　　　　　　　　　・離婚公証書

・養子公証書　　　　　　　　　　・親族関係公証書

・結婚公証書　　　　　　　　　　・死亡公証書

第 2 章　帰化申請準備　　59

Q17

申請者　専門家

日本国内で収集する書類にはどのようなものがありますか？

　本国から取り寄せる書類と同様に，個々の状況によって収集する書類は異なります。日本国内で収集する書類は，身分関係の書類もありますが，収入や税金に関する書類など，日本で生活していく上で安定した収入があるか，納税等をきちんと行っているかが確認できる書類も必要となります。

　また，会社員なのか，個人事業主なのか，法人を経営しているのか等によっても必要書類は異なります。まずは専門家に相談し，状況を正確にヒアリングしてもらってから書類を確定させましょう。

　実は，必要書類も法務局によって多少異なります。東京では必要とされる書類が福岡では不要とされたり，あるいは独自性が強い法務局などでは，他の法務局では提出不要な書類を必須書類とする所もあります。

　多くの法務局で帰化申請をしたことがある行政書士などの専門家であれば独自性を理解しています。不安な場合は，ご自身の法務局への申請を過去に行ったことがあるか等を専門家に確認するとよいでしょう。ただし，法務局提出書類は年々少しずつ変わります。よって，申請した時期が直近であるかどうかも大事です。常に情報がアップデートされていないと危険です。

　以下に代表的な日本国内で取得する公的書類を挙げますので，ご参照ください（多くの法務局が発行後3か月以内の公的書類を提出するように指示します）。

■　市区町村役場で取得する書類

①　住民票，戸籍関係

●　住民票
　在留資格などの情報は全て記載する必要があります。ただし，マイナンバーは記載不要です。

●　住民票除票

法務局によって要否が分かれます。心配であれば取得しておくことをお勧めします。

● 戸籍謄本，除籍謄本，戸籍の附票

配偶者，婚約者，子が日本人の場合，および，親族の中に帰化した者がいる場合に必要になります。

10年以上前は婚約者であっても，日本人婚約者の場合は上記書類の提出は必須でしたが，近年は，まだ籍を入れていないため婚約者の戸籍等の提出を要請するのは個人情報保護の観点からよくないという配慮から，提出を不要とする法務局も出てきております。

● 記載事項証明書（出生，婚姻，離婚，死亡等）

本人，兄弟姉妹，両親が日本の役所に出生，婚姻，離婚，死亡などの届出をした場合に必要となります。記載事項証明書は届出をした市区町村役場でしか取得できませんし，届出をした際に添付していた添付書類も全て添付された状態で取得する必要があります。

もし仮に配偶者が日本人の場合には婚姻届記載事項証明書や離婚届記載事項証明書の取得は不要です。日本人の場合は戸籍謄本を取得することで身分関係が証明できるからです。元配偶者の戸籍謄本を取得するのは変な感じがしますが，帰化申請の際には必要となりますので取得しないといけません。

② 住民税関係

● 住民税の納税証明書（一昨年前の所得）

同居の親族に収入がある場合は，当該親族の証明書も提出が必要です。自治体によりますが，毎年6月半ば以降になると最新版の納税証明書が発行されます。もし仮に，申請者の書類受付日を7月以降に予約している場合は，かなりギリギリになりますが，原則として6月以降に発行される最新版の納税証明書を取得する必要があります。納税証明書は前年に納税した納税額が記載されています。会社員の方は特別徴収になっている場合が多く会社が給与天引きで納税してく

れますが，普通徴収になっている場合は要注意です。申請者自身が納税を行わ
ないといけない形式ですので，納税証明書を見た時に「未納額」がないか確認
してください。未納額がある場合は帰化申請の前に納税しましょう。

● **住民税の課税証明書（前年所得）**
納税証明書と同様に同居の親族で収入がある場合は，当該親族の証明書も提
出が必要です。自治体によりますが，毎年6月半ば以降になると最新版の課税
証明書が発行されます。

■ 法務局で取得する書類

① 不動産登記簿
自己所有のマンション，土地，建物を所有している方は取得が必要です。自
分で住むための不動産なのか投資用物件なのかは問いません。また，同居の親
族が所有している場合も取得が必要になります。

② 法人の登記事項証明書/閉鎖登記事項証明書
会社経営者で法務局に登記をしている場合は取得が必要です。また，同居の
親族が会社を経営している場合も取得が必要です。
さらに，自分で経営していなくても，過去3年間のうち，会社の役員として
登記簿に登記がされている場合は取得が必要となりますのでご注意ください。
たまに「名義貸しだから出さなくてもいいでしょう」と言う方がいますが，役
員として登記されている以上提出は必須です。

☞　そもそも「名義貸し」などしないでください。会社の経営に携わっていないにも関わ
らずそのような行為をしていることは帰化審査上問題となることがあります（過去3年
分の会社の経営状況も審査対象となります）。

過去3年間のうちに役員として登記されている場合は，会社の経営状況も審
査対象となります。会社の経営状況が悪く，帰化審査に悪影響があるからと
言って，慌てて会社を閉じてもいけません。過去3年間のうちに会社経営をし

ていた場合は，閉鎖登記事項証明書も提出書類となります。

■　税務署，都/県税事務所，市税事務所で取得する書類

①　所得税の納税証明書　その1，その2

　会社員で株式の売買による譲渡利益・譲渡損失がある方，不動産投資をしている方，2か所以上から給与の支払いを受けている方などは確定申告をしています。そういった方は管轄の税務署で上記2点の書類を取得する必要があります。こちらは個人の納税を証明する書類です。

　個人事業主の方や，会社経営をしている方は毎年個人の確定申告を行っているはずです。よって，個人事業主や経営者も個人の納税を証明する書類としてこちらの提出が必要となります。

　個人の確定申告を行った管轄の税務署で取得できます。

②　会社経営をしている法人の方

　会社経営をしている法人の方は以下が必要となります。同居の親族が法人経営を行っている場合も必要となります。

・法人道府県民税の納税証明書（直近1期分）
・法人市民税の納税証明書（直近1期分）
・法人都民税の納税証明書（直近1期分）

　東京都に本店のある法人の場合は都税事務所で法人都民税および法人区民税の納税証明書が取得できます。

・法人事業税の納税証明書（直近3期分）
・法人税の納税証明書　その1，その2（直近3期分）
・消費税の納税証明書（直近3期分）

　資本金1千万円未満の法人は前々期の課税売上高1千万円超の場合に提出が必要となります。

第2章　帰化申請準備　63

③　個人事業主の方

　個人事業主の方は以下が必要となります。同居の親族が個人事業を行っている場合も必要となります。

・消費税の納税証明書（直近3年分）

　前々年の課税売上高1千万円超の場合に提出が必要となります。

・個人事業税の納税証明書（直近3年分）

　所得が290万円以上の場合，8月と11月に分納しているはずです。

◼ 年金事務所で取得する書類

①　社会保険料納入証明書（直近1年分）

　厚生年金保険法，健康保険法の適用事業主の場合に提出が必要となります。

②　被保険者記録照会回答票

　第1号被保険者の方，同居の親族の該当者，および第2号，第3号の方で，ねんきん定期便のハガキをなくした方は取得が必要となります。

◼ 自動車安全運転センターから取得する書類（運転記録証明書（過去5年分））

　運転免許証を持っている方は提出が必要となります。（過去に運転免許を失効した方は運転免許経歴証明書の提出が必要となります。）交番等で用紙を取得し，郵便局で手数料を支払うと1週間から2週間後にご自宅に証明書が送付されます。こちらは必ず（運転免許証を取得してまだ5年経過していない方であっても）「5年間」の記録を取り寄せてください。申請用紙の「5年間」を丸で囲ってください。

　また，1点注意が必要なのは，この書類だけは発行から2か月以内のものを提出する必要があります。一部法務局では3か月以内でもよいとされていたり

しますが，多くの法務局では2か月以内に発行された書類のみ有効として扱います。よって，この書類は受付日が決まってから申請を行った方がよいでしょう。

☞　代表的な公的書類等を列挙しました。その他，公的書類ではありませんが，国内書類としては，勤務先から取得する書類や自身が保有している書類，例えば日本語検定試験（JLPT）等の合格証，勤務先で発行された源泉徴収票，確定申告をしている方であれば確定申告書の控えなど，個人の状況によって様々な書類の提出が必要となります。必要書類が漏れている場合は受付をしてもらえません。

第2章　帰化申請準備　65

Q18

申請者　専門家

取得した書類に有効期限はありますか？

　Q16およびQ17で解説したとおり，帰化申請のためには本国から取り寄せるべき書類や日本国内の官公署で取得すべき書類が数多くあります。

■ 原本が1つしか存在しない国の書類と有効期限

　Q16で少し解説しましたが，国籍によっては出生証明書などの書類が一生に一度しか発行されない場合があります。そういった書類の場合は有効期限はありません。しかし，過去に発行された出生証明書や両親の婚姻証明書などの原本を日本に送ってもらう必要があります。

　そして，これも法務局によって扱いが異なるのですが，原本を提示し，そのコピーを提出すれば済む場合と，原本を提示するのと同時にコピーに領事認証を付けて提出しないと受付をしてもらえない場合があります。

　領事認証とは，当該コピーが原本と相違ないことを日本にある大使館・領事館（駐日在外公館）にて認証してもらうことです。領事認証の取り方は日本にあるそれぞれの駐日在外公館に照会してほしいのですが，多くの駐日在外公館では予約制で，事前に予約を入れ，当日必要書類を持参し認証してもらうことになります。即日発行してもらえる場合もあれば発行に1週間程度かかる場合もあります。

　☞ 原本が1つしか存在しない場合は，本国で書類を発行してもらう手間は省けます。ただ，兄弟姉妹が多く，それぞれ本国ではなく別の国に住んでいる場合などは，兄弟姉妹全員に事情を話して日本に送ってもらう必要が生じたり，前述のとおり法務局によっては，単に本国から原本を送ってもらうだけでは受付してもらえず，駐日在外公館で領事認証を取得しないといけない場合があります。有効期限は気にする必要がありませんが，それなりに作業が発生することがありますのでご注意ください。

何度も発行可能な国と有効期限

　では，本国書類につき，何度も発行してもらえる国籍の場合はどうなのでしょうか。中国，韓国，台湾，ネパールなどがそういったケースに該当しますが，この場合は多くの法務局では有効期間6か月としています。しかし，これも法務局によって様々で，有効期間1年とする法務局もあれば，出生証明書などの書類については出生の事実は変わりようがないので有効期間を設けていない法務局もあります。

　　☞　本国書類については，本国にいる親族に依頼して発行してもらい日本に送ってもらう
　　　ケースがほとんどです。そういった事情に配慮してくれる法務局が多く，期限を多少過
　　　ぎていても受付をしてもらえることもあります。6か月の有効期間から1日過ぎたため
　　　に受付を拒否されることはないと思われますが，早くに取りすぎて期限を過ぎてしまっ
　　　た等の事情があれば念のため事前に法務局で相談することをお勧めします。

国内書類と有効期限

　それでは国内書類についてはどうなのでしょうか。多くの法務局で有効期間は3か月と指示しています。こちらは厳格に運用している法務局が多い印象です。

　しかし，こちらも過去の動かしようのない事実を記載した官公署発行の書類，例えば，出生届記載事項証明書や住民票除票などについては発行から3か月を経過していても受付をしてもらえる場合があります。近年は混み合っていることから多くの法務局で予約が取りにくく，3か月から6か月待ちの場合があります。予定していた日に受付の予約が取れず，国内書類を少し早めに取得してしまったがために期限を過ぎてしまうこともあります。その場合は，法務局の職員に事情を話してみましょう。

　多くの法務局で期限厳守となっている書類としては，「運転記録証明書」が挙げられます。この書類だけはとても期限に厳しい印象です。近年，帰化要件の中でも交通違反に関しては厳しくなっています。受付直前に違反をしていないかチェックしたいのでしょう。この書類が受付日から2か月，あるいは法務局によっては3か月以上前に発行されている場合は取り直しを命じられますの

第2章　帰化申請準備　67

でご注意ください。

まとめ

　以上より，本国書類は原則として有効期間6か月，国内書類は3か月とみておきましょう。帰化申請手続き開始時に最初に行うべきなのは本国書類を取り寄せることです。取得後翻訳をする必要があるからです。次に，受付日が決まったら日本国内の書類の収集に取りかかりましょう。

☞　日本の公的書類に慣れていない場合，間違った書類を収集することもあります。弊所では取り直しの期間も考慮し，受付からちょうど3か月前には取得開始をお願いします。もし違う書類を取得したとしても，十分に再度取得する時間があるからです（できるだけこのような間違いが発生しないよう，サンプルなどの画像を付けたり，必ず添付書類付きで請求することなど，細かい指示を出すようにしています）。

　　間違いやすい例を挙げますと，取得してほしいのは運転記録証明書なのですが運転免許経歴証明書を取得したり，婚姻届記載事項証明書（添付書類付き）を取得してほしいのに婚姻届受理証明書を取得してしまうケースなどです。ややこしいのですが，違う書類では受付してもらえません。

　　この点，自己申請だと誰もチェックしてくれないため，法務局に何度も通い職員に確認してもらうしかありません（もし仮に間違った書類を収集してしまった場合は，次回相談時までに正しい書類を取り直すように指示があります）。

Q19

申請者　専門家

作成すべき書類にはどのようなものがありますか？

　帰化申請するためには単に本国や日本国内で書類を収集すればよいわけではありません。申請書をはじめとして多くの書類を作成する必要があります。

　ここではどのようなものがあるのか全体像を解説します（具体的な書類の書き方については第4章で後述）。

書類の記入形式

　帰化申請を自分でする場合，法務局から紙の申請書式をもらいます。データではもらえないので，書類を手書きすることになります。文字を間違って記入してしまった場合は，修正テープ等を使用することが認められていません。二重線を引いて正しい文字を余白に書きます。

　手書きの場合，多くの法務局では，いきなりボールペンで清書するのではなく，まずは鉛筆で下書きをするよう指示します。そして，下書きの書類をチェックし，問題ないと判断された場合は上からボールペンでなぞって清書するように言われます。

> ☞　会社員などで週末しか書類作成ができない方にとってはそもそも難しい作業です。日本語に不慣れな外国人が全ての書類を手書きで仕上げるのは難易度が高いでしょう。また，書類作成だけでも2，3回は法務局に通わないといけません。期間もかなり費やすことになります。

　行政書士など，帰化サポートを専門にしている専門家であれば，データで書式を持っています。その場合，全てタイピングで入力していくのが一般的です（作成すべき書類は自筆でもパソコンでの入力でもどちらでも受付してもらえます）。

作成する書類

　作成すべき書類を以下に列挙します。個々の状況によっては不要になる書類

第2章　帰化申請準備　69

もあります。

・帰化許可申請書 　　　　　　　　・事業の概要

・親族の概要（日本）　　　　　　　・自宅付近の地図（直近3年分）

・親族の概要（外国）　　　　　　　・勤務先付近の地図（直近3年分）

・履歴書その1 　　　　　　　　　　・在勤及び給与証明書

・履歴書その2 　　　　　　　　　　・動機書

・生計の概要その1 　　　　　　　　・申述書

・生計の概要その2

※作成すべき書類は数年に一度改訂されることがあります。2024年10月以降，自宅付近
　の地図および勤務先付近の地図の作成が不要となりました。

　書類名だけを列挙すると何やらよく分からないと思われるかもしれません。自己申請の場合，法務局で紙の書式をもらう際に，法務局が発行している「帰化許可申請のてびき」をもらえます。ぜひこのてびきを参考にしましょう。

☞　注意事項は全て日本語の文章で書かれてますので，漢字が読めない場合はそのてびきの内容を正しく理解するのは難しいでしょう。見本として画像も載っていますが，オーソドックスな例だけなので同じように作成して大丈夫かは疑問です。

　まずは見本を参考に鉛筆で下書きし法務局に持参してみましょう。法務局の職員が丁寧に修正を指示してくれます。何度かこのやり取りを繰り返せばいずれ書類が完成するでしょう。

　このやり取りは数か月，または人によっては1年以上かかります。ですから，中には法務局に通うのが面倒になり途中でやめてしまう方，あるいは数年寝かせたままにして，思い出したように数年後に作成を再開する方もいます。帰化申請をすると決めたからには早期で書類作成を完了させるべきだと思います。そうしないと，せっかく収集した書類の有効期限が切れてしまい書類の取り直しが発生してしまいますし，なによりご自身が力尽きてしまうためです。

　私のお勧めは，一番時間のかかる「履歴書その1」から作成することです。これを完成することができれば，その他の書類は決まった事項を転記するだけなので，何とかなりそうな気がすると思います。

☞ 私も開業当初はこの「履歴書その1」を正確に作ることに本当に苦労しました。年配の申請者であればあるほど、引っ越しや転職など、年月日で正しく列挙するのが難しくなります。申請者自身の記憶も曖昧だからです。

履歴書その1と履歴書その2の作成のヒント

ここで2つほど履歴書その1と履歴書その2の作成に役立つ情報をご紹介します。年配の方が作成に苦労する履歴書その1、および出入国が多すぎる方が作成に苦労する履歴書その2の作成に役立つ情報となります。

① 閉鎖外国人登録原票を取得する

こちらは2012年7月8日以前から日本に長く住んでいる外国人の方にとって朗報となるでしょう。しかし、2012年7月9日以降に来日した外国人にとっては取得不可の書類です。

こちらはどんな書類かと言いますと、以前は外国人は住民登録ができず、入管が管理する外国人登録制度に則り、住所移転情報、在留資格の変遷、身分関係、就職先等の情報を1人につき1つの原票で一元管理していました。つまり、この原票を取り寄せることで、外国人自身の2012年7月8日までの住所（引っ越し日も記載されています）、就職先、結婚等の身分関係の事実などが一目で分かるのです。

現在は廃止され、「閉鎖外国人登録原票」として入管が保管しています。住所移転について記憶が曖昧な方も、この原票を取り寄せることで履歴書作成が容易になります。

しかし、前述のとおり、この制度は2012年7月9日に廃止されています（廃止されてから既に12年経過しています）。2012年7月9日以降の住所の変遷等は自力で何とか思い出し、履歴書その1を作成する必要があります。それでも、年配の方にとっては、20年前に住んでいた住所などが一目で分かるためとても役に立つ原票だと思慮します。

ただし、この閉鎖外国人登録原票は請求してからご自宅に書類が届くまで約1か月かかります。四谷にある総務課出入国情報開示係の窓口に直接行って請求をしても、郵送請求をしても、書類の開示までには1か月かかります。よっ

第2章 帰化申請準備 71

て，窓口に行ったからといってその場で発行してもらえるわけではないのでご注意ください。

閉鎖外国人登録原票のサンプル

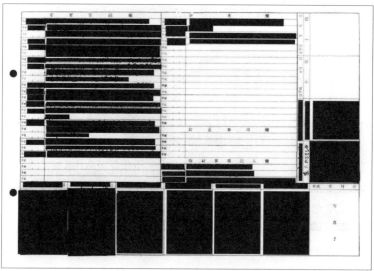

② 出入国記録

　日本人配偶者がいる場合は直近1年分の出入国記録でよいなど，個々の状況によって異なりますが，最大で直近5年分の出入国記録を「履歴書その2」に書く必要があります。多くの方が一般要件での帰化申請をするため，5年分書かないといけません。

　海外出張が多く，パスポートのスタンプを全て正確に確認できない方などにお勧めなのが出入国記録を取り寄せる方法です。

　ただし，閉鎖外国人登録原票同様に，自宅に書類が届くまで約1か月かかります。四谷にある総務課出入国情報開示係の窓口に直接行って請求をしても，郵送請求をしても，書類の開示までに1か月かかりますので余裕を持って請求することをお勧めします。

出入国記録のサンプル

第2章　帰化申請準備　73

第 3 章

法務局の特殊性

許可・不許可はどのように決まるのでしょうか。日本語
のテストはどのように行われるのでしょうか。法務局の
特殊性を解説します。

Q20 どこの法務局に申請してもいいのですか？

 申請者　専門家

■ 提出先は法務局

　まずは大前提として，帰化許可申請は，出入国在留管理局ではなく法務局に行います。

　外国人が外国籍のまま日本で就労や経営等何らかの活動を行う場合，日本でそれに見合った活動ができる在留資格を申請・取得することが必要であり，そういった事務を取り扱っているのが出入国在留管理局です。

　それに対して，出生・結婚・死亡等に関する日本人の身分関係の登録が「戸籍制度」として全国統一的に正しく処理されるよう，専門的な見地から助言や指示等を行っているのが法務局です。

　これから日本国籍を取得したいとお考えの外国人の方も，戸籍制度に関する申請を行うことになりますので，法務局の国籍課あるいは戸籍課に相談・申請することになります。

■ 法務局と管轄

　次のQ21で詳しく解説しますが，法務局によって手続きや必要書類の指示など，多くの独自の裁量権が認められているため，ある法務局は他の法務局よりも工数がかかったり，職員の指示が厳しかったりするケースもあります。

　「友達から〇〇法務局の審査が緩いと聞いたので，その法務局に申請したいです」というお問合せを頂くことがありますが，残念ながら，書類を申請する法務局は決まっています。自由に選択することはできません。

　これから帰化申請をしようとする者が現在住んでいる住所地を管轄する，国籍事務を扱っている法務局または地方法務局に申請する必要があるのです。法務局は全国にたくさんありますが，「国籍事務」を取り扱っている法務局が管轄ですのでご注意ください。

　法務局のウェブサイトにも掲載されていますが，市区町村等で管轄が分かれ

ているのが一般的です。ただし，法務局によっては県に１つの法務局でしか帰
化事務を取り扱っていない場合や，逆に，過疎化している県などでは，数か所
の法務局のうち申請者が一番通いやすい法務局を選択できる場合もあります。

　大都市では「国籍課」という部署が設けられていますが，地方都市では「戸
籍課」の中に国籍事務を取り扱っている担当があり，そこに相談に行くことに
なります。

　☞　たまに，これまで帰化事務を取り扱っていた法務局の支局などが統廃合されることも
　　あります。今まで何度か通った支局でなく，別の支局に再度通い直さなければならない
　　という事態が発生することもあるのです。担当の職員が変わるわけですから，これまで
　　相談してきた内容が引き継がれるとはいえ，新しく担当になった職員の中には家族関係
　　やこれまでの経歴などを最初から再度ヒアリングする方もおり，申請手続きが長引くこ
　　ともあります。これはご本人の責めに帰すべき事由ではないため不運としか言いようが
　　ありません。

■　引っ越しした場合

　反対に，申請人ご本人の都合で引っ越しなどをするケースがあります。もし，
管轄をまたいだ引っ越しの場合は管轄が変わることになります。既に申請書類
を提出し受付を済ませてしまった方であれば，法務局内部で申請書類を新住所
を管轄する法務局に移送します。理論上は案件を引き継いだ担当官が審査をそ
のまま係属します。

　しかし，案件を引き継いだ担当官は，いくら途中まで審査が進んでいようが，
自らの目で最初から書類を確認します。管轄の法務局によって審査手続きや提
出書類も異なってくる場合があるので，管轄が変わったことで追加書類の提出
を要請されたり，引き継いだ法務局でも面接に来てほしいと要請を受けること
もあります。ですから，管轄をまたぐ場合の引っ越しによって審査が長引くこ
とは避けられません。

　☞　審査が長引くと申請者の状況に変化が生じる可能性もあります。例えば，審査中に会
　　社が倒産して無職になったり，交通事故を起こしてしまうケースなどです。そういった
　　場合は不許可になる可能性も出てきますので，自ら審査期間を長引かせる行為はなるべ
　　くしないほうがよろしいでしょう。なるべく引っ越しをしないということだけではなく，

第３章　法務局の特殊性　　77

全ての事項について言えることですが，提出した申請書類の内容から変更事項を生じさせないように過ごすことで審査がスムーズに進み，短期間で結果が出ます。

管轄内の引っ越し

　ちなみに，誤解を避けるため付言しますと，全ての引っ越しが審査期間に影響するわけではありません。前述のとおり，帰化申請をしようとする者の住所地を管轄する，国籍事務を扱っている法務局または地方法務局が管轄となりますので，その同一管轄内での引っ越しであれば法務局や地方法務局が変更になることはありません。例えば，東京法務局本局管轄であれば東京23区内での引っ越し，さいたま法務局管轄であれば，埼玉県内での引っ越しであれば同一法務局が管轄となりますので管轄に変更はありません。自己都合で引っ越しをされる場合は計画的に行いましょう。

管轄を変えるための引っ越し

　弊所にご相談に来る外国人の中には，審査が比較的緩い法務局を調べたうえで，あえて引っ越しをして管轄を選んだ方もいます。数年前に，ある地方の法務局で相談を受けた際に人種差別的なひどい扱いを受けたということで喧嘩になり，その後，当該法務局には記録が残っているので行きたくないと考えたようです。法務局の相談履歴はデータベース化されておらず，他の法務局に共有されていないため，引っ越しをすれば過去の喧嘩の情報などは知られることはないでしょう。

　私の現場経験からしますと，たしかに，大都市よりも地方の法務局のほうが独自性が強く，法務局の職員の物言いがきついケースもあります。しかし，法務局の職員の方たちは，日本語がたどたどしい外国人の申請者にも理解できるよう，難解な内容をかみ砕いて丁寧に説明するなど，日々精一杯対応してくださっており，人種差別的な扱いなどはしないと思っております。

　何かの言葉の掛け違いだったのだと思いますが，ご相談者の方はひどくその法務局を嫌っており，実際に引っ越しまでして管轄を変えたわけですから，最終手段として自ら管轄を変えるということも可能であることはたしかです。

しかし，多少の手続きや手法に違いはあれ，帰化審査では，申請者本人の資質が審査されるため，日本国籍を与えるにふさわしい人と判断されるかが重要となります。一言で言いますと「素行要件が善良」であるかどうかです。ですから，帰化審査基準の根幹は，帰化許可以降，日本人として日本の社会に迷惑をかけず，社会貢献をして生きていける人間かどうかになります。

　どの法務局でも審査の根幹は同じです。実質的な審査が開始した際に，上記基準で審査されることをご理解ください。

Q21

申請者 専門家

法務局によって進め方に違いはありますか？

　繰り返しになりますが，日本では国籍法4条2項の定めに従い，帰化の許可・不許可は法務大臣の権限とされています。そして，帰化の許可・不許可は法務大臣の自由裁量行為であると考えられています。

　手続きの進め方や必要書類の指示なども管轄の法務局又は地方法務局に一定程度裁量権が認められ，管轄によって独自性があります。ある法務局で要請されていない書類が，他の法務局では要請されたり，書類がいくら全て完璧に整っていても「2回目の相談日では受付は行わない決まりになっているので3回目の相談日で行います」と断固として独自の手続きルールが貫かれることもあります。

管轄の法務局に裁量権がある理由

　なぜこんなにも管轄の法務局に裁量権が認められているのでしょうか。1つの要因としては，地方にそれぞれ在留する外国人に特徴がある場合が挙げられます。例えば，日系3世や4世などが多く居住する地域や，中華街などで働く外国人が多く，以前から在留資格の範囲に該当しない内容で働いている人たちが多い地域など，それぞれの地域によって国籍や属性が異なります。

　法務省が画一的な基準を定めたとしても，その基準ではチェックしづらい箇所が地域によって出てきます。それを独自にチェックするようにしたことから，ローカルルールが発達したのではないかと思います。法務省もそういった状況を理解し，それぞれの法務局のローカルルールを許容しているのでしょう。

　☞　現に，ある法務局では，「在留カードと申請人の言葉だけでは実際にどんな内容の業務を行っているのか判断できないので，雇用契約書の内容を精査し，さらに勤務先にヒアリングを行っています」と言われたことがあります。

ローカルルール

　基本的には，東京法務局本局など大都市の法務局以外では，１回目の相談では帰化要件を満たしているか等をチェックされます。そして，必要書類が指示され，２回目の相談時までに，主に本国書類を収集して持参するように言われます。そして，３回目，４回目と小分けに指示をされて，徐々に書類の収集を終えます。収集が終わると，続いて作成すべき書類の指示がされ，何度か修正指示をもらい清書するという流れになります。全ての書類が整ったら受付が行われます。

　初回の相談で書類が全て整っていたら受付をしてもらえる東京法務局本局は独自性が強いと言えるでしょう。全国のほとんどの法務局では，そのようなことはしてもらえません。決められたステップを踏まないと受付までたどり着けません。

日本語テストの取り扱い

　中には，日本語のテストに合格しないと次のステップに進めさせてくれない法務局もあります（日本語のテストの内容については Q23）。

　初回相談時に日本語のペーパーテストが実施される法務局があります。東京法務局本局などでも「トライアルで受けましょうか」ということで実施されることもありますが，あくまでトライアルなので，テストで思うような点数が取れなくてもステップを進めてくれます（本番のテストは審査官との面接時に実施されるペーパーテストです）。

　しかし，テストに合格しない限り，一向に次のステップに進めてくれない独自性の強い法務局もあります。もし不合格だった場合は，「不合格ですので数か月勉強して再度受け直してください」と言われます。

　☞　弊所のお客様の中には，お客様自身が日本語のプライベートレッスンを集中して受講し，大丈夫だろうと思って２か月後に予約を入れて法務局に行ったところ，担当の職員に「早すぎます」と言われ，テストを受けさせてもらえなかったケースもあります。

　手続きを進めながら同時進行で申請者が日本語の勉強をすることもできるため，ステップを進めてくれないのは少し酷なように個人的に感じました。

面接のローカルルール

　多くの法務局では同居の親族がいる場合は，当該親族も面接の際に呼ばれ，個室で審査官と1対1で面接を行います。ただ，法務局によっては申請者しか呼ばれないという所もあります。面接の方法も一定の裁量権が認められているのです。

☞　基本的には管轄の法務局が長年の経験で生み出した独自の手続きであるローカルルールに従うべきでしょう。

　しかし，あまりに理不尽な対応であれば考えものです。私は過去一度だけ本省である法務省民事局に進言したことがあります。とても勇気がいることでしたが，進言のお陰で手続きがスムーズに進みました。

　しかしこれはあくまで緊急避難的な対応となるため，あまりお勧めできません。進言したことは管轄の法務局に伝えられます。それによって依頼人である申請者が不利益を被る可能性もゼロではないからです。

Q22
どうして完全予約制なのですか？

申請者

● 完全予約制である理由

　外国人が日本で申請する書類の中で，帰化申請ほどプライベートな内容を根掘り葉掘りヒアリングされ，申請書に記入したりその証拠書類を提出するものはあるでしょうか。際立ってセンシティブな内容を取り扱う申請だと思います。

　過去にDV被害を受け離婚訴訟になったことがある方や，両親と生き別れになり親戚とも疎遠のため本国の本籍地も分からない方や，本国が戦闘状態のため日本に逃れて難民申請してきた方の子孫で本名を周りに明かさずに通称名で生活している方など，事情は様々です。

　また，国籍が違うだけでも収集する書類は異なりますし，更に個々の事情によっては，裁判所の審判書謄本などを提示しないといけない場合などもあります。

　生い立ちや親族関係などをこと細かにヒアリングしないと個々に適した必要書類を確定することはできません。よって，多くの法務局では1回目の法務局相談時に全ての状況をヒアリングするのです。完全予約制で，しかも個室で対応されるのはプライバシーに配慮した結果です。

● 電話質問は原則不可

　また，多くの法務局では，相談者が電話で法務局に質問をしてきた場合に，それに対して口頭で回答することは行っておりません。相談者は全ての状況を話しているとも限りませんし，質問するのは法務局の職員のほうです。帰化の要件を満たしているのか，満たしている場合，どのような書類を提出してもらう必要があるのかを判断するのは法務局側なのです。よって，相談者からの一方的な電話質問には答えないのです。

　☞　ごく一部の法務局では電話での質問も受け付けています。全ての法務局が電話での質問を一切答えていないわけではありません。

第3章　法務局の特殊性　83

■ 事前準備が必要なことも

　国籍によって必要書類が異なります。法務局の職員は，予め電話で予約を受けた際に相談者の国籍をメモします。あまり帰化申請をする人数が多くない稀な国籍の場合は，相談日までに当該国籍の方が帰化する際に必要となる書類を事前に調べたり，書類のサンプルを確認したりします。こうすることで無駄な時間を省くことができます。

■ 相談は個室で行われる

　相談は個室で行われるため，相談者は周りの目を気にせずに自身の身分関係や過去の出来事を話すことができます。入管のようにオープンなスペースで，後ろに長い行列ができている状況で「早く，早く」と急かされながらヒアリングが行われることはありません。

　身分関係の話もそうですが，過去の事実についてもヒアリングが行われます。素行が善良であることが帰化要件とされており，これは罰金刑以上の刑に処せられたことがあるかどうかの他にも要件は幅広く，警察にお世話になったことがあるかなども含まれます。

　他にも，過去にオーバーステイ（多くのケースは不法残留）や不法就労をしたことがある場合は相談時に隠さずに話す必要があります。期間の長短や悪質性などによっても帰化申請できるタイミングが異なってきます。

　　☞　私の肌感覚ですが，数年前からオーバーステイの過去がある方の扱いについては厳しくなっている印象があります。例えば，出国命令制度を使って自ら本国に帰国し，1年経過後に適正な在留資格をもって日本に入国したとしても，20年程度経過しないと帰化許可が出にくくなっています。以前は10年程度経過した場合は，平穏無事に過ごしたという実績が認められ，許可が出ていました。しかし，近年は入管法違反，とりわけオーバーステイについては厳しくなっています。

　　　オーバーステイをしたことがある方は，ことの経緯を詳細にヒアリングされます。その理由や，オーバーステイをしていた期間の長短などによっても帰化申請が可能となる時期が異なりますので，一概に「20年経過後」に許可が下りるとは言い切れません。

　　☞　たまに「プライバシーの侵害に当たるので答えたくありません」と言う方もいるよう

です。しかし，法務局の職員もお仕事の一環としてヒアリングを行わないと正しい判断ができないから聞いているのであって，プライバシーを侵害する意図で聞いているわけではありません。こういったケースで法務局側から言われるのは「帰化申請のために必要な情報の提供にご協力頂けない場合は正しい判断ができないため，残念ながら厳しい結果になる可能性もあります」という内容です。これは至極当然のことだと思います。

　個室で相談が行われるため，初めての場合少々怖いと感じることもあるかもしれませんが，基本的には法務局の職員の方は丁寧に対応してくれますので，正直に全てを話しましょう。多くの法務局では，2回目以降も同じ担当者が対応します（中には毎回対応する職員が替わる法務局もありますが，前回のヒアリング記録は残されています）。

　☞　1人で個室に入るのが不安な方は，帰化サポートを専門にしている行政書士など，専門家に同行をお願いしてもよいでしょう。もちろん，身分関係については本人が一番よくわかっていますので本人が答えることになりますが，法務局の職員が専門用語を使ったり，必要書類の説明が難解な場合に側でサポートしてくれます。また，代わりに質問したり交渉したりすることができますので，弊所では同行を希望されるお客様が多いです。

第3章　法務局の特殊性　85

Q23

日本語のテストがあるって本当ですか？

申請者

ケースバイケース

テストの実施はケースバイケースです。実施されない方もいます。

テストを実施するかどうかの判断は法務局の職員の裁量に任されています。さらに，テストが実施されるタイミングは2回ほどあります。1回目は初めて法務局に相談に行った時，そして，2回目が審査官との面接時です。ですから，人によっては1回も実施されなかったという方もいれば，2回実施されたという方もいます。もし仮にテストに不合格の場合は3回目の実施も行われます。

1回目の相談時，相談者は相談員と個室で面談をしますが，その際に日本語での会話がスムーズではないと判断された場合に実施されることが多いです。もちろん，相談者の日本語の能力に関わらず1回目の相談時に全員に日本語のテストを実施する法務局もあります。

しかし，多くの法務局では日本語での会話がスムーズではないと判断した際にテストを実施します。長年帰化相談をしている相談員は，日本語の会話がおぼつかない外国人はペーパーテストが苦手なことを知っています。

日本語のテストはペーパーテストの形式で行われるのが一般的です。あくまで読み書きができるかどうかで判定します。日本に在留する外国人の多くは，日本語の会話が得意です。しかし，日本語を書くのが苦手な方が多い印象です。特に漢字の読み書きが苦手な方が多いです。

なぜテストが実施されるのか

そもそも国籍法には日本語能力要件の定めはありません。しかしながら，帰化が許可され，日本国籍を取得した以降は日本人として生きていくことになります。その際，例えば選挙の投票に行った場合に，投票用紙に日本語が書けないと無効票になります。また，お役所の書類や不動産売買契約などのやりとりも全て日本語で行われます（残念ながら英語などの言語で生活することが日本で

は難しいのが現状です）。そのため，法務大臣としては，日本語が一切読めない，書けない，話せない人を日本人として迎え入れることはできないのでしょう。

　そこで，国籍法の要請ではありませんが，法務省は日本語能力を帰化要件として掲げています。

● 日本語のレベル

　では，どのくらいのレベルの日本語が必要なのでしょうか。実際には小学校3年生レベルの日本語能力があれば大丈夫です。日本語能力試験（JLPT）で言いますとN4，N3レベルになります。

　究極的な話をしますが，法務局では難しい漢字の読み書きができる方を求めているわけではなく，カタカナやひらがなを完璧に書ける方を求めているのです。

　小学校2年生で習う漢字の中で一番難しい漢字は何だかお分かりですか。曜日の「曜」です。これが書ければ大丈夫なレベルです。ただし，どのような形式で出題をするかを含め，テストの実施方法は法務局の職員の裁量に任せられていますので，必ずしも「曜」が出るとも限りません。

　相談者が「私はN1持ってます」と言ったとしても，テストが実施されることもあります。JLPTの試験は選択式のため，書くテストではないからです。法務局の日本語のテストは基本的にはペーパーテストの形式で行われ，テスト用紙に鉛筆で解答を書き込みます。

　ただし，テストの形式は「ペーパーテスト」に限定されているわけでもありません。小学校3年生の国語の教科書を出され，指定された箇所を声を出して読むよう指示され，その読んだ中に書かれている事項を口頭で質問する法務局もあります。白紙の用紙を渡され，職員が口頭で言ったことを書き取ったり，文章を書いたりする法務局もあります。

　そのため，帰化申請用の日本語テスト問題集のようなものは市販されていません。

テストの内容

　冒頭にも記載しましたが，1回もテストを受けない方もいれば，相談時と本番の面接時の2回受ける方もいます。中には面接時2回目のテストに不合格となり，3回，4回となる方もいます。テストを実施すると言われた方に拒否権はなく受けるしかありません。

　相談時のテストは，20分くらいの時間が与えられて，相談員の目の前で実施されます。A4用紙1枚程度の問題しか出ないため，5分くらいで解き終わってしまう方もいます。ゆっくり解いたとしても20分はかからないでしょう。そして，8割以上正解していれば合格です。

　しかし，相談時のテストに合格したからといって安心してはいけません。申請書類を受け付けてもらってから数か月後に審査官との個室での面接が行われますが，その際，人によっては本番の日本語テストが実施されることもあります。面接時に行われるテストは，制限時間が30分くらいで問題数も多くなります。ただ，JLPTのN4，N3レベルの読み書きがメインのテストです。

　内容については，職員の裁量に任されているため，確定的なことは言えません。カタカナをひらがなに書き換えるもの，ひらがなをカタカナに書き換えるもの，文章を読んで設問に答えるもの，与えられたお題に対して自由に文章を書かせるものなどが多いです。

　ちなみに，文章を読んで設問に答えるというテストは，小学校3年生レベルの日本語の文章で，ひらがなが圧倒的に多いです。漢字に慣れている場合，ひらがなばかりの文章は読みにくいかもしれません。

　☞　弊所のお客様の中には，面接時に実施されたテストに不合格だった方もいました。その場合は取得した点数にもよりますが，再度テストを受けるように言われるのが一般的です。本番に1回受験したテストのみで不許可が確定するわけではありません。

　なお，不合格になった場合，何回目までテストが受けられるかは，それぞれの法務局の裁量や1回目のテストの結果によっても違ってきます。例えば，1回目のテストが100点満点中0点の場合，2回目のチャンスを与えられる可能性はありますが，2回目のテストで10点しか取れなかった場合，80点以上取れるようになるには何年かかるのだろうと判断され「もうこれ以上何度実施して

も合格することは難しいので，帰化申請の取り下げをしませんか。合格できる
レベルになるまで勉強し，その時が来たら再申請してはどうですか」などと，
取り下げの打診をされることもあります。

　ここで取り下げの打診をされるのは，かなりもったいないことだと思います。
日本語能力以外は帰化要件を満たしているのです。せっかく書類収集，書類作
成をして受付をしてもらったのにその努力が無駄になってしまいます。

　このような悲劇が起こらないようにするために，帰化申請を考えた時から日
本語を勉強しておくべきでしょう。

　☞　近年は昔に比べ，JLPTのN２やN１を持っている方であってもテストが実施される
　　ケースが増えました。法務局の職員が目の前にいる状態で実施される日本語の読み書き
　　のテストは緊張します。対策しておくようにしましょう。

Q24

申請者

なぜ本人が必ず法務局に行かないといけないのですか？

受付時は必ず出頭すべき

　帰化申請は申請者本人が日本国籍取得の意思表示を申し出なければなりません。よって、法務局側でも本人の実在性や本人の帰化意思を確認しなければならないため、書類の受付日には本人が必ず法務局に出頭しなければなりません。代理人と称する者などによって、本人が知らぬ間に第三者によって帰化申請手続きが行われることを防止しています（例外として15歳未満の者が申請者の場合は親権者や後見人などの法定代理人が帰化申請手続きや宣誓を行いますので出頭義務はありません）。

受付日以外は法務局による

　Q5で解説しましたが、帰化申請フローは各法務局によって異なります。

　どのような進め方であっても従わないといけませんが、残念ながら、全国どこの国籍事務を取り扱う法務局又は地方法務局でも、土日祝日対応の窓口はありません。毎回申請者本人が出頭しなければならない法務局に当たった場合は、年に数回お休みを取るしかありません。帰化申請のためだと思い、覚悟してください。

　もし、管轄の法務局が受付日以外は行政書士の出頭でもよいとしている場合は、代わりに行ってもらうとよいでしょう。作成済書類については作成した行政書士のほうがよく分かっています。よって、作成済書類については行政書士１人で相談に行ってもらっても一般的には問題ありません。

専門家とサポート範囲を取り決めておく

　多くの方は帰化申請を一生に一度しか行いません。在留資格の更新などは何度も行政書士に依頼するので、行政書士がどの範囲をサポートしてくれるのか

分かっている外国人が多いです。しかし，帰化申請に関しては申請フローも申請書類も分からない方が大半です。その分，「どこまでがサポートの範囲内なのか」「範囲外の作業には追加料金がかかるのか」等，予め契約をしっかり締結して，サポートの範囲を決めておかないと，齟齬が生じる危険性があります。

☞　本国書類の和訳は体裁が整っていて，日本語がおかしくなければよいです。あまりにも日本語として意味が通じなければ，専門家が修正を入れる必要があります。しかし，サポートのプランにもよりますが，和訳全てを修正してしまうと，それは和訳業務をしていることと等しくなります。「どこまでがサポートの範囲内か」を予め協議する必要があります。

■　毎回出頭が必要な場合

　毎回申請者本人が出頭しなければならない法務局に当たった場合，行政書士などの専門家に同行してもらうメリットはあるのでしょうか。

　Q27でも解説しますが，帰化申請では必要書類が大量です。その書類の説明を全て日本語で理解するのは大変です。

　さらに，身分関係のヒアリングの際も，申請者が正確に回答できない箇所を専門家に補足してもらうこともできます。

☞　例えば，法務局の職員の方が「兄弟姉妹は何人ですか」と質問します。申請人は「自分を含めて3人です」と答えます。しかし，実は幼い頃に亡くなったお兄さんなどがいれば「4人」と答えないといけません。

　現在は3人兄弟かもしれませんが，「帰化」するには身分関係を明らかにして戸籍を編製する作業が行われるため死亡した兄弟姉妹も含みます。専門家に同席してもらうことで，法務局の職員の意図に沿う回答に補足してもらえます。

　また，「個室の中で隣の席にサポートしてくれる人がいるだけで安心できる」とのコメントもいただいています。

Q25

申請者

審査官との面接は日本語で行われますか？

　全て日本語で行われます。Q23で解説しましたが，帰化申請では日本語の
ペーパーテストが実施され，読み書きができるかどうかが確認されます（もち
ろん実施されるかどうかはケースバイケース）。そして，読み書きのみならず，日
本語で日常会話ができるかどうかも問われます。面接は日本語での日常会話が
できるかどうかのテストも兼ねています。

　審査官から質問をされ，その質問を理解して的確に回答できるかどうかが試
されます。日本人のネイティブレベルで回答する必要はありません。質問の意
図に合致した内容を回答できれば大丈夫です。ピントが外れた回答をしてしま
うと，質問をきちんと理解できていたのかどうか疑われることもあります。も
ちろん，回答する内容は嘘偽りなく，真実を伝える必要があります（面接でど
んな質問をされるのかについてはQ26）。

🔘 家族で同時申請する場合

　帰化申請をする人の中には，家族同時申請をする方もいます。例えば，技術・
人文知識・国際業務の在留資格をもって会社に勤務している夫がメインの申請
人となり，家族滞在の在留資格で在留している妻や子どもも同時に申請を行う
場合などです。この場合は，申請人は夫，妻，子どもの3名となります。もし
仮に子どもが15歳未満の場合は面接は実施されませんが，妻には実施されます。
よって，妻も面接の予約日に法務局を訪問し，個室にて審査官と1対1で面接
を行うことになります。もちろん，申請人に対しては一律日本語で面接が行わ
れます。もし仮に，妻の日本語の会話がおぼつかなく，さらに，日本語のペー
パーテストに合格できない場合は妻だけ不許可という結果になることもありま
す。ですから，メインの申請人のみならず，15歳以上の申請人は面接や日本語
のテストの対策はしっかりしておく必要があります。

■ 同時申請しないが，家族の同席が求められる場合

　多くの法務局では，申請人ではない同居の親族にも面接に来るように求めます。夫は帰化したいと願っていても，妻は帰化に興味がないというパターンでも，申請人以外の成人の同居の親族にも面接を求めることが多いです。

　もし仮に，当該親族が日本語を話せない場合はどうしたらよいのでしょうか。申請人ではないので英語や中国語で実施してもらえるのでしょうか。実は，あくまで面接は日本語で行われますので，他の言語で行ってもらえることはありません。日本語が話せない同居の親族の面接に関しては，例外的にメインの申請人が通訳として個室に入り，同席できます（代わりに答えることはできません）。

　さらに，同居の親族が一時的に（数か月）海外にいる時に面接が実施された場合はどうなるのでしょう。例えば，妻が出産のために本国に帰っている時などです。出張などで1週間程度日本を離れているような場合は面接日を変更してもらえばよいと思いますが，数か月日本を離れているような場合は，オンライン面接も行えます。ビデオ通話で審査官が質問し，通訳として同席している申請人が通訳し，本国にいる親族が回答し，それを申請人が審査官に日本語で通訳するというやり方で面接が実施されます。

　☞　弊所でも数回このような形で面接を実施してもらったことがあります。日本人配偶者
　　　が海外赴任のため数か月海外に赴任していたため，配偶者が海外からオンライン面接を
　　　受けたこともあります。どのような形であれ，面接は必ず日本語で実施されます。

第3章　法務局の特殊性　　93

Q26

申請者

面接ではどのようなことを聞かれますか？

面接は本人・親族

　帰化申請書類が無事に受付され，数か月経過すると申請人本人に審査官から「面接に来てほしい」という連絡が入ります。

　面接は審査官と申請人の1対1で，プライバシーに配慮して個室で行われます。

　申請人が結婚している場合など，親族と同居している場合は，当該親族も一緒に面接に来るように言われることがあります。親族にも面接を行うかどうかは管轄の法務局によって異なりますが，多くの法務局では親族への面接も実施されます。この場合は，まずは申請人が審査官と個室で面接を行い，申請者ではない親族についてはその後に申請人と入れ替わりで面接が実施されます。申請人ではないのに個室で面接が行われることに驚く方もいらっしゃいますが，親族の回答が申請人が回答した内容と合致しているかどうかを個別に確認されます。

面接の内容

　面接では何を聞かれるのでしょうか。基本的には書面審査を終えているため，提出済書類を中心に質問されます。親族や身分関係について，生活状況，過去の法律違反や交通違反など，申請者本人から口頭での説明を求められます。

　書類に書かれた内容と合致しているか，また，審査官が入管，税務署，警察署，裁判所から取り寄せた書類上の内容と合致しているかを細かく審査されます。

　ここが帰化審査の恐ろしいところです。書面審査だけではないのです。直接申請人本人の口から説明する必要があります。

　もし仮に，どんなに昔のことであっても警察や裁判所などのお世話になったことがある場合は正直に事実を話し，反省の意を述べるようにしましょう。間

違っても虚偽の申告や否定などはしてはいけません。審査に悪影響を及ぼします。

　申請人の中には過去の不法滞在の事実を話すと悪い印象になり，不許可になるので隠しておいたほうがいいだろうと思う方もいます。しかし，隠したところで，審査官は入管から過去のデータを全て取り寄せたうえで審査をしますので，事実を把握しているのです。本人自身の口からどのような説明があり，事実を受け入れ反省し，現在はそのようなことを繰り返すことなく善良な人間として生活しているかどうかを見極めます。

　申請者個人の状況によって，また，審査官によって質問の内容は異なりますが，概ね以下の6つに大別されるのではないかと思われます。

　①これまでの経緯（在留資格の変遷含む）
　②仕事内容/経営する会社について（収入も含む）
　③本国の家族/日本の家族のこと
　④身分関係について（離婚歴がある方は元配偶者のことも）
　⑤素行が善良かどうか
　⑥年金保険料・税金の支払い状況について

　それでは以下で細かく見ていきましょう。

①　これまでの経緯

　こちらは申請者全員が聞かれる内容です。「どこで生まれたか」「日本に来た動機・きっかけ」「来日してから現在の居住歴・学歴・職歴，在留資格の変遷」などです。素直に答えれば大丈夫です。申請者の人物特定確認をしているようです。

　ただし，ここ数年は在留資格の変遷の確認が細かくなってきました。例えば，転職活動等で空白期間がある場合，その間の在留資格は何だったのかについて質問されたりします。3か月以上，適正な在留資格の範囲内での活動が無かった場合（例えば無職だった場合など），なぜ在留資格の変更を適切に行わなかったのか等，適正な在留資格で継続して本邦に在留していたのかどうかが厳しく審査されます。入管では在留資格の変更まで求められなかったような事項でも，法務局の帰化審査は厳しく，理由にもよりますが，半年間等のブランクがあっ

第3章　法務局の特殊性　　95

た場合，見逃してくれないケースがあります。その場合は居住期間のリセットとみなされ，普通要件ですと，適正な在留資格を取得した時から5年経過しないと居住要件を満たさないと判断されることもあります。こういった過去の経歴をこと細かに聞かれることが多くなってきました。

②　仕事内容

　「申請した内容と申請者が口頭で説明する業務内容が合致しているか」「現在保有している在留資格の範囲内の業務なのか」「反社会的活動をしていないか」などが主に審査されます。また，「安定した生活を営むことができる収入を確保しているか」「職場の人間関係がうまくいっているか」など，申請人または同居の親族の資産で生計の安定性が確保できるかが審査されます。

　以前は，年収基準はありませんでしたが，2022年頃から法務局内部での運用が変わりました。生計を一にする親族の年収が300万円に満たない場合は，「生計の安定性が疑われる」として不許可が出るようになりました。もちろん，扶養家族が多くなればなるほどその年収要件は上がります（これはあくまで目安とお考え下さい。審査基準は絶対に公開されませんし，年代とともに内部の運用は変わります）。

　　☞　帰化審査は総合考慮なので，中には年収の目安よりも低い年収であっても許可が出る
　　ケースもあるでしょう。

③　本国の家族/日本の家族のこと

　配偶者や親族の概要を確認するため，また，日本にどのくらい縁やゆかりがあるのかを把握するための質問です。

　もちろん事前調査で，反社会的勢力に関連した親族がいないかどうかの確認は行っていますが，申請者本人から「家族がどんな職業なのか」「どんな活動をしているのか」を話します。

　また，「申請者が帰化することに両親は賛成なのか反対なのか」「そしてその理由」なども聞かれます。ちなみに，両親がたとえ反対していたとしても，その理由のみで不許可が出ることはありません。もし仮に不許可になってしまった場合は，他の理由ですので，決して両親を恨まないでください。

　他にも，兄弟姉妹が日本に在留している場合は，その兄弟姉妹が帰化するこ

とを希望しているかどうかなども聞かれます。こちらも正直に答えて大丈夫です。現時点では帰化に興味がないようでしたら「帰化意思はない」と答えて問題ありません。もし仮にそう答えていた兄弟姉妹が将来帰化申請をしたからといって，その兄弟姉妹に不利益は及びません。

また，同居者の親族や友人の有無，同居人の状況についても聞かれます。この内容も包み隠さず正直に答えましょう。

④ 身分関係について（離婚歴がある方は元配偶者のことも）

結婚されている申請者の場合，特に日本人と結婚している場合は帰化要件が緩和されますので，偽装結婚ではないかが審査されます。そして，配偶者の人となりも審査していると思われます。それを見極めるため，多くの法務局では配偶者がいる場合は当該配偶者も面接に来るように言われます。もちろん法務局によっては配偶者が呼ばれず，日本に在留している兄弟姉妹が呼ばれることもあります。これは法務局によって様々です。

関東圏内の法務局では配偶者がほぼ確実に呼ばれます。

質問される内容としてよくあるのが，配偶者と知り合った時期，場所，配偶者と交際したきっかけ，交際期間，配偶者の現在の状況（主婦/夫，アルバイト社員，会社員，経営者等）などです。

子どもがいる場合は，就学状況や帰化意思などについても聞かれることが多いです。

⑤ 素行が善良かどうか

こちらは，事前に警察署や裁判所などからも過去の記録を取り寄せますが，申請者本人の口から正直に事実を話し，事実を受け止めて反省し，その後反省を活かして善良な市民となって生活を営んでいるかを審査します。

警察にお世話になったことがあるかどうか，ある場合はその内容，駐車違反などの軽微な反則を含む交通違反歴について，軽犯罪法を含めた犯罪歴，銀行口座から多額の出入金がある場合はその詳細などが聞かれます。

　　☞　注意したいのが，「素行が善良かどうか」は犯罪歴のように「罰金刑を科せられた」「反則切符を切られた」など，私たちが日常で，軽重問わず罪を犯したと認識のあるものだけに限られません。

第3章　法務局の特殊性　97

例えば，10年以上前に路上で知らない人と喧嘩になって警察署で調書を取られて「これからは喧嘩しないように」などと厳重注意されたことも「警察のお世話になった」ことに含まれます。また，「運転中に車をぶつけられたため警察を呼んで対処してもらった」ことなど，被害者であっても「警察のお世話になったこと」に含まれます。

☞　過去のトラブルを正直に自ら話し，事実を受け止め，今後の人生にどのように活かしているのかを審査しています。「罰金刑以上の刑に科せられたわけではないので，あの出来事は話さなくていい」など，勝手な自己判断はしないようにしてください。

⑥　年金保険料・税金の支払い状況について

　会社員の方は給与から天引きされますし，また，申請時にこれまでの納税証明書等は提出するため，この質問をされる方は多くないかもしれません。

　ただ，会社経営をされている方や個人事業主などは，申請時から数か月後に面接になりますので，受付時点から面接期間までに滞納がないかどうか等の確認が入るケースもあります。

　もし質問されるとしたら，なぜ過去の記録で「未納」部分があるのか，払っていない理由や，今から払うことが可能かどうかなどが質問されるでしょう。どんな理由であれ，未納は法律違反です。なぜ払わなかったのか理由を説明し，反省の意を述べ，今からでもいいので遡及して払える部分は払うようにしましょう。

　また，一般的には「免除」というのは，適正な免除手続きを経て免除されているため，法律違反などは犯していません。しかし，帰化審査では，法律違反を犯しているのかどうかを審査しているのではありません。収入が低かったために免除を受けた場合に「生計が安定していない」と判断され，不許可になることがあります（免除期間の収入不安定だった時期を今から遡及して穴埋めをし，昔から収入が安定していたと認められた場合は，許可がもらえるケースもあります）。これも指摘が入る場合と入らない場合があり，一概に過去の免除期間を指摘されるかどうかは不明です。

　しかし，1つだけ明確に言えることは，審査官から「今から払えますか」と聞かれた場合，払わないと不許可になる可能性が高いということです。この質問をされた場合は遡及して払いましょう。払った場合は許可が出る可能性があります。

面接の留意点

帰化審査で面接がある理由は，提出された書類の内容と本人が口頭で説明した内容が合致しているかの確認，直接会って話してみた時の人となりの確認の2つになります。

また，面接に臨む際の留意点として，以下3点を挙げておきます。

・提出した書類はよく読んでおく
・聞かれたことに対しては素直に答える。嘘をつくのは厳禁
・きれいな服装で臨む

スーツで面接に臨む必要はありません。しかし，面接のチャンスは原則1回のみです。通常，審査官と会うのはこの機会が最初で最後です。服装や髪型を不潔な状態にして面接に臨み，自らマイナス要因を作る必要はないと思いますので，身だしなみは整えましょう。

第3章　法務局の特殊性　99

Q27

申請者

専門家に同席してもらうことは可能ですか？

■ 同席内容

専門家が同席できる内容としては，相談時，受付時，受付後の個別相談時となります（面接時には個室に同席することはできません）。

法務局によっては，初回相談時，申請人に身分関係のヒアリングを行う際は同席不可とするなど，独特なルールが敷かれている場合もあります。その場合はそのルールに従います。

お客様に喜ばれるのは，そのヒアリングの後の書類の説明時の同席です。外国人の申請者にとって，法務局の職員が説明する聞いたこともない書類の名前や取得方法を理解するのは至難の業です。例えば申請人が日系人の場合や，親族の中で過去帰化した人がいる場合などは改製原戸籍を取得しなければならないとか，兄弟が日本で生まれたため，市区町村役場で出生届記載事項証明書（添付書類付き）や駐日在外公館で出生届出済証を取得しなければならないなど，そもそもその書類が何なのか理解するだけでも大変です。取得方法も分からなかったりしますので，相談員の日本語での説明に付いていけない方もいます。専門家が同席していれば，そういった書類の説明の内容を把握してもらえますし，後で説明してもらえるため，安心して座っていられます。

その他，受付日も同様に，作成した大量の書類の説明や，収集した書類について，および収集できなかった書類の理由の説明などを専門家に代わりに説明してもらえるのも同席のメリットです。

ちなみに，前述の「受付後の個別相談時」の同席はたまに発生します。例えば，申請人の本国の法律が変わったことで事実上国籍の離脱ができなくなった場合など，特殊な事象が発生した場合などに審査官と個別に面談時間を取り，相談に行く場合などです。申請人がうまく事の経緯や今後の対応について説明できない場合もあるので，補佐として同行し，審査官から指示された書面を作成したりします。

☞ これは事務所の方針によって異なってくるとは思いますが，弊所では，自己申請をし

た方で，後から特殊事情が発生したことによりスポットでサポートをしてほしいという依頼はお断りしています。申請時点からの全ての状況を把握しないまま，特殊事情のみをサポートすることは誤った解釈等で同行，書類作成をする可能性があり危険だからです。帰化申請を開始する時点から二人三脚で歩んできた人のみ，責任を持ってサポートすることにしています。

■ 同席費用

　お申込みのプランにもよりますが，多くの行政書士事務所では同席が可能です。

　事務所によって幅がありますが，出張，訪問，同席時に行政書士が申請人に代わり作成済書類に関して回答するなどの作業が発生しますので，法務局の場所によっては丸1日事務所を空けることになる場合もあります。行政書士報酬規定を目安にすると実地調査料に該当するため，その日当を計算すると約6万円のようです。しかし，多くは2万5千円から4万円であり，日当が高い事務所では6万円の所もあるようです。本来は1年から1年半かかる申請のため日数にすると10日ほどかかっている案件となるので，日当は6万円程度が相当なのかもしれません。

　　☞　関西や九州のお客様からも同席を依頼されます。交通費は別途頂きますが，大半の方が人生に一度の帰化申請，失敗したくないので，出費を惜しまない方が多いです。

第3章　法務局の特殊性　101

Q28

申請者　専門家

修正申告しても審査に影響はありませんか？

修正申告はないに越したことはない

　ケースバイケースとなります。例えば，会社員の方で，前職を退職し，その年の12月までに再就職しなかった方は翌年の3月15日までに自身で確定申告をしなければなりません。その分の確定申告をしないまま現職で勤務している場合で，前年分の所得の申告がない場合，正しい所得税の納税をしていない可能性があります。退職時に丁寧に確定申告のことまでおしえてくれる会社はありませんので，外国人にはなかなか厳しいものがあります。明らかに意図せぬ申告漏れは速やかに修正申告し，納税すべき税金がある場合は納税することで審査への影響を防げる可能性が高いです。

　また，本来扶養家族に入れるべきではない親族を入れているケースについては，以前は扶養を外して修正申告を行えば審査に影響がなかったのですが，近年は，本来収めるべき税金から逃れるために扶養家族を多くしていると思われる申請人に対しては悪い評価がなされるようになってきました。不当に納税額を低くする行為であり悪質性が高いと判断された場合は不許可になる可能性もありますので早めに修正申告をしておくことをお勧めします。

　もちろん，この理由1つをもって不許可になる可能性は高くはないかもしれませんが，その他の要因と相まって不許可になる可能性もありますのでご注意ください。

　☞　令和5年の税制改正により，令和5年1月からは国外居住親族にかかる扶養控除の適用を受けるための要件が厳格化されています。法務局の帰化申請時にも国外扶養親族の人数分だけ個別に海外送金を行ったかどうか証拠書類を提出することが求められます。法律に該当しない海外居住親族を扶養している場合は扶養を外し，本来収めるべき税金を納めるようにしましょう。

■ 法人の場合は深刻

　経営者の場合は少し深刻です。令和4年あたりから法人の修正申告の審査が厳しくなってきたと感じています。以前より，重加算税等を課せられた法人の経営者に対しては数年間様子を見るため帰化申請をしても許可が出なかったのですが，修正申告をした場合も厳しい対応がなされるケースが出てきています。

　経営者の場合は，過去3期中に法人税等について修正申告した場合，原因，その額等によっては不許可になるケースもあります。

■ 修正申告以外で影響があるもの

　その他，修正申告ではありませんが，本来払うべき社会保険や税金等の未払いがある場合の注意点とその対処法についてご紹介したいと思います。

① 法人等が社会保険未加入の場合

　厚生年金・健康保険・介護保険・労災保険・雇用保険など，公的保険における総称を社会保険と言いますが，一人社長であったとしても，健康保険法3条，厚生年金保険法9条などに定められているとおり，法人（株式会社，合同会社等）は社会保険に加入することが義務付けられています。

　労災保険や雇用保険に関しては，従業員を1人でも雇用している場合に加入必須となっています。

　ところが，申請人1名のみが代表取締役の法人の場合，中には社会保険に加入していない法人があったりします。「みんな加入していないから大丈夫」ではありません。帰化審査では法令を遵守しているか審査されます。その際に法人が社会保険に加入していないことが判明し，担当官から法令を遵守するよう促されてもなお加入しない場合は不許可が出る可能性が高いです。日本の法令を守れない人に帰化許可は出ません。担当官から何らかの指示を受けたり，加入していないことを指摘されたりした場合は早期に加入することをお勧めします。帰化審査では，社会保険加入につき，後から是正し2年前に遡って加入手続きをした場合は許可の可能性があります（この点は入管に行う永住申請と異なる）。

第3章　法務局の特殊性　　103

ちなみに，法人でなくとも，従業員が常時5人以上いる個人事業所（法律に定める業種に限る）についても社会保険加入が義務付けられています。

② 個人の年金保険料の支払いに未納または免除期間がある場合

本来は年金保険料の支払いは義務です。よって，未納は法律違反の状態です。担当官から未納について指摘があった場合は素直に支払うようにしましょう。払わないままでいると不許可になる可能性が高いです。未納期間については，過去2年分まで遡って保険料の支払いが可能です。以前は1年分だけ遡及して払うことで帰化の許可が下りていたのですが，近年は2年分払わないと許可が下りにくくなっています。

　　☞　もちろん，担当官から指摘を受ける前に，帰化申請をしようと思い立った時点でご自身の支払い状況などを一度洗い出して，未納等があることを認識した場合は直ちに支払っておくのが理想です。

「未納」と違い，適正な手続きを経て「免除」してもらっている場合はどうでしょうか。免除というのは全額免除，4分の3免除，半額免除，4分の1免除がありますが，全て「免除」であることに変わりはありません。

このケースの場合，法律上は何も違反をしていません。しかし，帰化審査では「生計の安定性」という要件があり，過去から現在に至るまで生計が安定していることが求められるのです。年金保険料免除は所得が一定の額に達していない場合に申請することができます。つまり，免除期間があるということは，過去の所得が低かったということを意味します。よって，その過去の生計の不安定を今から是正しないといけないということです（免除に関しては過去10年まで遡って支払うことができます）。

　　☞　10年前まで遡及して支払うのは「何だか納得がいかない」と言う申請者も多いのが現状です。この指摘は必ずしも全員に入るわけではありません。私が長年帰化サポートをしてきて感じていることですが，審査の総合考慮の結果，あまりにも生計が不安定だと判断された申請人に行われるケースが多いように思われます。担当官から指摘を受けた際には，もし仮に納得がいかなかったとしても「生計の安定性」が疑われたわけですから素直に従い，早期に支払うことをお勧めします。

③　個人の住民税に未納額がある場合

　会社員の方でも会社から税金等を給与天引きせず「普通徴収」にしている方は注意が必要です。自身で住民税を収めなければならないからです。住民税を口座引き落としにしていない場合は自宅に「納税通知書（納付書）」が送られてきているはずです。この納付書を使って自ら税金を納める必要があります。

　外国人の中には，勤務先の会社が「普通徴収」にしていることを知らずに，長い期間，住民税を滞納している方もいます。自宅に定期的に届く納付書を捨ててしまっているのでしょうか。普通徴収になっていることを知らず，帰化申請をするときになって初めて自分が住民税を滞納していたことに気づき，慌てて納税する方もいます。みなさん「知らなかった」と言います。しかし，帰化審査ではそういった言い訳は通用しません。

　ただし，上記の年金保険料同様，未納があることを知った時点，または担当官から指摘を受けた時点で改めることで許可の可能性はあります。帰化申請前に納税証明書に「普通徴収」で未納額が記載されている場合は直ちに未納額を収め，修正申告するようにしましょう。

第 3 章　法務局の特殊性　　105

Q29

申請者

不許可の場合，申請取り下げの打診があるというのは本当ですか？

● 打診はあるとは限らない

取り下げの打診は，確実にあるとは言い切れません。打診がある方もいれば，急に不許可通知がご自宅に届く方もいます。

これは各法務局，各審査官，個別の状況によってケースバイケースで，いわば審査官の自由裁量の範囲内です。

そうなるととても不安に思う方もいると思いますが，まずは帰化の専門家に申請前に懸念点を洗い出してもらうことが重要となります。帰化審査では，一般人の目から見て素行が悪いとは思えない事項についても「素行が悪い」と判断され不許可になることもあります。

● 取り下げの打診に気づかないケース

申請後の審査官との面接では，審査官が調査の結果気になったことについて質問をしてきます。しかし，「過去に警察のお世話になったことはありますか」というように質問がとても曖昧な場合もあります。何度も同じような質問を繰り返される，曖昧ではあるが少なからず思い当たる事項がある場合は要注意です。間違っても「さっきも言いましたが……」などと苛立った態度で面接に臨んではいけません。審査官が確証を持てないため質問形式を変えて何度も同じような内容を質問しているのです。

回答次第で，最後に「そのような態度では，厳しい結果が出るかもしれません」と言われる方もいます。これが取り下げの打診の場合もあります。しかし，外国人の中には，これを取り下げの打診と気づかず，せっかく審査官がヒントをくれていたのに「取り下げの打診なんかされなかった」と言う方もいます。

☞ 弊所には，自己申請をして不許可になった方が多く相談に来ます。多くの方がこのケースです。「素行が良好である」という帰化要件を「法律を犯していない」と同じだ

と思い,「自分は法律違反なんてしたことがないのに不許可になった」と言います。

　素行が悪いと判断される内容は非公開ですので明確に申し上げることはできませんが,過去に路上で喧嘩をしたことで警察署に連れて行かれ,事件までには発展しなかったが調書を取られた事項なども素行が悪いと判断されることがあります。そして,その事実を自ら言わなかったことも素行が悪い,反省していないという判断になることもあります。

　取り下げの打診とは,面接で審査官から質問され,「厳しい結果が出るかもしれません」と言われる場合です。もちろん,はっきりと面接時に「今の段階では厳しいので取り下げをしてはいかがでしょうか」と言われることもあります。

　　☞　ある地方法務局を訪問した際に,審査官がハッキリと電話の相手方に向かって「今の状況ではダメです。取り下げしませんか」と言っているのを聞いたことがあります。これはある意味親切です。審査官はこれまで何百人もの審査をしているはずです。その審査官が難しいと判断し,わざわざ電話をしているのですから,不許可の可能性が高いのでしょう。

■　取り下げの打診に従うべきか

　審査官の取り下げの打診には,必ずしも従う必要はありません。最終的な判断は法務大臣が下します。管轄の法務局または地方法務局での審査が終了すると,同じ内容を本省の法務省が審査します。法務省では許可に相当すると判断される可能性もあります。ですから,担当の審査官から取り下げの打診があっても「取り下げません」と言うことも可能です。中には取り下げをせずに,結局許可をもらう方もいます。

　審査官が取り下げの打診と思われる発言をした場合,または後日電話がかかってきて取り下げの打診をしてきた場合,「いつになれば再申請できるのか」を聞いてみるとよいでしょう。もちろんハッキリとはおしえてもらえないと思いますが,何かヒントをもらえるかもしれません。

　　☞　審査官も人間です。面接時の態度がよい場合は,よい心証を形成します。申請者が審査官からの質問に真摯に回答している場合はよい関係性が築けます。

第3章　法務局の特殊性　　107

そうすると，仮に何か帰化審査上の懸念点があり，申請者もその懸念点に気づいた場合，申請者の方から「もし許可の可能性が低い場合は取り下げも視野に入れますのでご意見ください」などと伝えた際には審査官も見解を述べてくれることがあります。

申請人は「1秒でも早く日本国籍が欲しい」と思うものですが，審査官側からすると，懸念点が解消されるまで経過観察してから判断したいと思うものです。ですから，「あと4，5年は待ったほうがいいかもしれませんね」と言われることもあります。

☞ もし，本当に帰化したいのならば，長い人生の中で5年間は短い期間です（もちろん申請人にはそのように感じられないでしょう）。この5年程度も素行が良好な態度を継続できないのであれば，帰化することは難しいでしょう。もし審査官に4，5年と言われたのであれば，態度を改め，実績を作ることをお勧めします。

☞ 取り下げの打診はとてもショックですが，実際のところ，大変親切な制度だと思います。打診がなくいきなり自宅に不許可通知が届いた日には，パニックになる可能性があります。

第4章

書類作成のポイント

帰化申請にあたっての書類作成のポイントをお教えします。

Q30

申請者　専門家

「帰化許可申請書」の作成ポイントは？

■ 申請人ごとに作成

　帰化許可申請書は申請人ごとに作成する必要があります。もし家族で同時申請する場合は，申請者が15歳未満であろうと必ず1人1枚作成しなければなりません。

　そして，これからご紹介する申請書全てについて同様にして頂きたいのですが，同じものを2部用意してください。正本と副本と呼ばれる書面を用意しなければなりません（ただし，法務局によっては「正本」のみ用意するよう指示される所もあります）。もし書類をWord版などのデータで作成した場合は2部印刷すれば結構です。2024年7月29日以降，東京法務局のホームページからWord版またはPDF版の書式ひな型がダウンロードできるようになりました。法務局で配布された紙の申請書に手書きで記入した申請書を2部作成するか，1部作成しそのコピーをご用意ください。

　もし，手書きで書類を作成する場合は，黒ボールペン（いわゆる「消せるボールペン」は使用不可）で正確に，かつ丁寧に作成しましょう。文字の記載を誤った場合は，取り消し線を引いた上，修正する必要があります。修正テープ等は使用することができません。

■ 作成のポイント

❶　申請年月日欄は，受付の際に記入する欄ですので空欄のままにしておいてください。

❷　帰化許可申請書の正本と副本にはそれぞれ5cm×5cmの証明写真を貼付する必要があります。少し変わったサイズですので注意する必要があります。写真スタジオで撮影すれば確実にサイズ注文ができますが，スピード写真（証明写真ボックス等）で撮影する場合は法務局指定のサイズに対応できる機械で撮る必要があります。

　写真はカラーでも白黒でもどちらでも結構です。受付日から6か月以内に撮影された，単身，無帽，正面上半身で，かつ，鮮明に写っているものをご用意ください。

110

申請者が15歳未満の場合

（出典：帰化許可申請のてびき（法務省））

　申請者が15歳未満の場合は，父母などの法定代理人の間に申請者を挟んだ状態で撮影したものを用意する必要があります。

❸　国籍は申請者が属している国名を記載してください。

　韓国，中国，中国（台湾），中国（香港），アメリカ合衆国などです。

❹　出生地は，生まれた所を記載するので，病院で生まれた場合は病院の住所を地番まで記載します。自宅出産だった場合は自宅の住所となります。

　出生証明書や出生公証書には「市」までしか記載されていないことも多く，地番までは不明な場合があります。その場合は「以下不詳」と記載してください。

❺　住所（居所）は，現住所の住民票を取得し，正確に地番まで記載してください。もし住民票にマンション名やアパート名及び室番号まで記載されている場合は当該詳細も記載してください。

　なお，居所（住所地のほかに寝泊まりするような所）があれば，住所の要領で記載してください。

❻　「よみかた」はひらがなで記載してください。中国籍の方などはピンイン読みの記載をすべきか日本語読みにすべきか迷われると思いますが，日常的に使っている読み方で記載して頂いて結構です。

❼　氏名は，氏，名の順序で漢字又はカタカナで記載してください。アルファベット等の記載は不可です。また，中国等の簡略体漢字については，日本の正字に引き直して記載する必要があります。

ミドルネームがある方は「氏」の欄に全て記載してください。また，ロシア系の方の場合，「父称」をお持ちですので，必ず父称も記載してください。パスポート等には記載されていませんが，出生証明書には記載されているので，母国語での読み方をカタカナ読みにしてカタカナで記載してください。

❽ 通称名がある場合は，これまで使用した通称名を含め，その全部を記載してください。住民票や住民票除票の「通称名」の欄から転記頂くことになるかと思いますが，住民票除票は直近5年分しか取得できないので，それ以上前に使用していた通称名がある場合は自己申告で記載することになります。

　もしこれまで一度も通称名を使ったことが無い場合は，この欄は空欄にして頂いて結構です。

❾ 生年月日は，日本の年号（大正・昭和・平成・令和）で記載してください。生年月日を訂正したことがある場合は，訂正前のものをカッコ書きにしてください。

❿ 続柄の概念がない国が多いと思いますが，日本での続柄の考え方で記載する必要があります。男女で分け，長男または長女，二男または二女，三男または三女のように記載します。

⓫ 在留カード番号または特別永住者証明書番号は，現在お持ちの最新の在留カード等に記載されている12桁の記号・番号をそのまま転記してください。

⓬ 父母の氏名は，氏，名の順序で漢字，ひらがな，カタカナで記載してください。中国等の簡略体漢字については，日本の正字に引き直して記載してください。

⓭ 父母の本籍地又は国籍ですが，外国籍の場合は父母が属している国名を記載してください。もし父母のどちらかが日本国籍だったり，帰化している場合は本籍地を記載します。本籍地は地番まで記載する必要があります。

　離婚している場合であっても行方不明であっても実の父母であることには変わりありませんので記載する必要があります。父母の氏名などが不明な場合は該当欄に「不詳」と記載してください。

⓮，⓯ 養子の場合は養父母の氏名と国籍を記載します。申請時において父または母が日本国籍の場合は「日本」と書くのではなく，本籍地を地番まで記載します。

⓰ 帰化後の本籍地は，帰化が許可された場合を予定して，予め記載する必要があります。本籍地は自由に決めることができますが，以下の点に注意する必要があります。

　土地の地番あるいは住居表示が使用できますが，住居表示の番号は「○丁目○番」までしか記載しないでください（本籍地には「号」は記載できません）。ですから，マンション名や室番号などの記載はできません。

112

また，実在しない町名，地番等は使用できないので，本籍地として使用可能かどうか不明な場合は，予め本籍にしたいと考えている市区町村役場に確認するようにしてください。

⓱　帰化後の氏名は，現在の氏名と全く関係のない氏名を自由に決めて頂いても構いません。ただし，原則として常用漢字表，戸籍法施行規則別表第二に掲げる漢字，ひらがな，又はカタカナ以外は使用できません。そして，帰化許可後の変更は認められないため，もし仮に申請書に書いた氏名を変更したいと思った場合は結果が出るまでに担当の審査官に変更の意思を伝えなければいけないのでご注意ください。

　通称名を使って生活している場合は，慣れ親しんだ通称名を帰化後の氏名として頂いても結構ですし，母国での本名をカタカナ読みにして登録することも可能です。最近の傾向としては，日本のアニメが好きな外国人が多いため，アニメに登場する人物の苗字や名前を付ける方も増えてきています。

⓲　夫婦や親子で同時申請をする場合，または日本人の配偶者がいる場合は，帰化した際には戸籍を一にすることになります。その場合，帰化後に夫または妻のいずれの氏によるかを（　）内に明記する必要があります。

　ちなみに，日本人配偶者がいる方は，帰化後に必ずしも日本人配偶者の戸籍に入籍するという形式を取らなくとも結構です。夫婦二人で決めた新たな氏で新しい戸籍を作ることも可能です。この場合，申請人の帰化が許可された際には，日本人配偶者はこれまで使っていた氏ではなく，新たに作られた戸籍に記載された氏を使用することになります。

⓳　申請者の署名欄は，受付の際に自筆にて記入することになるので，作成時点では空欄のままにする必要があります。

　なお，申請者が15歳以上の場合は，ご本人が署名し，申請者が15歳未満の場合には法定代理人が次のように署名することになります。

```
子　○○が15歳未満につき
　東京都中野区野方○丁目○番○号
　　　　親権者　　父　○○○○
　　　　　　　　　母　○○○○
```

⓴　自宅，勤務先，携帯番号を記載します。審査官からの連絡は，申請書の「携帯」の欄に記載された番号にかかってきます。全ての事項について言えることですが，特に，この「携帯」番号は大事になってくるので誤記はしないよう，また，番号が変わった場合は速やかに担当の審査官に伝えるようにしましょう。

第4章　書類作成のポイント　　113

申請書サンプル

帰化許可申請書

令和　　年　　月　　日 ❶ ←─── （注）2

法務大臣　殿

日本国に帰化をしたいので，関係書類を添えて申請します。

帰化をしようとする者の写真（申請日の前6か月以内に撮影した5cm正方の単身，無帽，正面上半身のもの）

15歳未満の場合には，法定代理人と一緒に撮影した写真　❷

（令和○年○月○日撮影）

帰化をしようとする者	国　籍 ❸ 韓　国										
	出生地 ❹ 大韓民国慶尚南道晋陽郡文山面安全里○番地										
	住　所 ❺ 東京都中野区野方○丁目○番○号										
	（居所） メゾン○○301号室										

	（よみかた）	❻ きん		りゅうさく			通称名	❽ 関口		竜作
	氏　名	氏 ❼ 金		名	竜作			関口		二郎
								金山		竜作

生年月日	❾ 大・㊙・平・令35年 4月18日生 （訂正前　昭和34年5月18日）	父母との続柄	二 ❿	㊚ 女

在留カード番号 特別永住者証明書番号	⓫ E	F	1	2	3	4	5	6	7	8	G	H

父　母　の 氏　名	父		母	
	氏 ⓬ 金山	名 継達	氏 崔	名 順南

父　母　の 本籍又は国籍	⓭ 大阪市中央区谷町○丁目○番	韓　国

養父母の 氏　名	養　父		養　母	
	氏 ⓮	名	氏	名

養父母の 本籍又は国籍	⓯	

帰化後の本籍	東京都中野区野方○丁目○番 ⓰

帰化後の氏名	氏 ⓱ ○　○ （夫の氏） ⓲	名 ○　○

申請者の署名 法定代理人の 住所，資格及び署名	⓳

上記署名は自筆したものであり，申請者は写真等と相違ないことを確認した。

受付担当官

電話連絡先 ⓴ 自宅	03（0000）0000	勤務先	03（0000）0000	携帯	090（0000）0000

（注）1　申請書に記載する文字は，漢字，ひらがな，カタカナ及びアラビア数字のみとし，英字（アルファベット）では記載しないこと。

2　「申請年月日」及び「申請者の署名又は法定代理人の住所，資格及び署名」欄については，申請の受付の際に記載するので，あらかじめ記載しないこと。

3　申請者が15歳未満である場合には，その法定代理人が署名すること。

4　確認欄については，記載しないこと。

5　氏名は，氏，名の順序で記載し，氏名が漢字の場合は，よみかたも記載すること。中国等における簡略体漢字については，日本の正字に引き直して記載すること。

（出典：帰化許可申請のてびき（法務省））

Q31 「親族の概要」の作成ポイントは？

　この書面は，申請者を除いた親族の情報を記載します。「親族」の範囲ですが，申請していない同居の親族の他，申請者の配偶者（元配偶者含む），親（養親含む），子（養子含む），兄弟姉妹，配偶者の両親，内縁の夫（妻)，及び婚約者です。

　一般的に「親族」と考えられる範囲より広いため注意が必要です。元夫や元妻を「親族の概要」に記載するのは違和感を覚えるかもしれませんが帰化申請書類のルールだとご理解ください。

　もし，上記「親族」の中で死亡した方がいる場合は，死亡者についても記載します。

　日本在住の親族と，外国在住の親族とに用紙を分けて作成してください。

　なお，先ほどの「帰化許可申請書」同様，アルファベットでの記載は不可となるので，親族の氏名や住所等がアルファベットの場合でも発音をカタカナに直す必要があります。

■ 親族の概要　日本

❶ 日本在住の親族を書きますので「日本」を選択します。

❷ 申請人と当該親族との関係を記載します。

以下のように記載してください。

```
配偶者：夫，妻
元配偶者：前夫，前妻
親：父，母
子ども：長男，長女，二男，二女，三男，三女
兄弟姉妹：兄，姉，弟，妹
配偶者の親：夫の父，夫の母，妻の父，妻の母
婚約者：婚約者
```

なお，離婚した父または母が，再婚した場合，申請者と同居している場合は父または母の再婚相手を記載します。同居していない場合は記載不要です。

　その他，例えば，内縁の夫（妻）なのか婚約者なのか関係性が不明な場合は空欄のまま書類を持参してもよいでしょう。法務局の職員に事情を説明し指示に従ってその場で記入しても問題ありません。

❸　氏名を「氏」，「名」の順に記載します。漢字，カタカナ，ひらがなで記載してください。アルファベットの使用は不可です。中国等の簡略体漢字については日本の正字に引き直してください。

❹　日本の年号（大正・昭和・平成・令和）で記載してください。西暦での記載は不可です。

❺　受付時点での年齢を数字で記載します。よって，受付日が決まった際に再度確認するようにしましょう。親族の中には誕生日を迎えて1歳年齢が上がる方がいることもあります。

❻　職業は大枠で書いて頂いて結構です。会社員，経営者，自営業，アルバイトなどです。もう少し専門的な職業に就かれている場合は，弁護士，医師，教師などと細かい区分で記載して頂いても結構です。

　定年退職した方や主婦（夫）の場合は「無職」と書きましょう。学生の場合は，小学生，中学生，高校生，専門学校生，大学生などのように記載してください。新生児から小学校入学前のお子さんの場合は「未就学」と記載します。

❼　住所は，都道府県名から書き始め，番地まで記載します。申請者と同居している場合は「同居」と記載します。

　もし，該当の親族の所在が不明な場合は知っている住所の部分まで記載し「以下不明」と記載すれば結構です。

❽　交際状況等は，不定期でもメールや電話等で連絡を取っている場合は「有」を選択してください。

　帰化意思については，日本国籍の親族の場合は空欄にし，外国籍の方の場合は帰化したいと思っている場合は「有」を選択してください。この欄は申請人が申請する時点での意思ですので，現時点では「無」を選んだにもかかわらず，将来帰化申請をしたとしても問題にはならないのでご安心ください。

　申請人が帰化申請するにあたりどのような意見なのかについては，「反対」を選択した親族がいたからといって申請人の審査が不利に扱われることもないので正直に選択して頂いて結構です。

❾　親族の中で帰化した方がいる場合は，帰化の許可日または現在申請中なのであれば申請

日を記載してください。添付書類として帰化したことが証明できる書類を提出する必要があります。具体的には当該親族の戸籍謄本，除籍謄本，または帰化の事実が記載されている書類が電子化される前の手書きの戸籍等の時代であれば改製原戸籍となります。帰化した年月日が確認できなければなりません。

❿ 親族の中で死亡した方がいる場合は住所の記載は不要です。死亡年月日を記載します。

■ 親族の概要　外国

❶ 外国在住の親族を書きますので「外国」を選択します。

❷ 外国の住所は国名から書きます。外国の証明書類は地番から始まっていて最後に国名が書かれているケースがありますが，日本の住所表記の順番である，国名，省（州），市などの順に並べ替える必要があります。国名は必ず「〇〇国」とする必要があり，「フィリピン国」のように一般的には使用しない書き方となるのでご注意ください。

　住所の詳細が不明な場合は「以下不明」と記載して頂いてかまいません。

❸ 帰化意思については，海外在住の外国人，および日本国籍の方は何も記載しないでください。「有」または「無」を選択しなくて結構です。

第 4 章　書類作成のポイント　　117

親族の概要　日本

続柄	氏　名／生年月日	年齢	職業	住　所　※死亡している場合は，住所の記載に代え，死亡日を記載	交際状況等　①交際の有無，②帰化意思の有無，③申請者の帰化に対する意見，④その他（電話番号，帰化申請日，帰化日など）
妻	姜　和子　昭和40年9月10日生	56	無職	同　居　（□　　年　月　　日亡）	①交際　　／■有　□無　②帰化意思／□有　■無　③意見／■賛成　□反対　　　　□特になし　TEL　03-0000-0000　　　年　月　日帰化・申請
父	金山継達　昭和5年1月3日生	92	無職	大阪市生野区○○町2丁目○番○○号　（□　　年　月　　日亡）	①交際　　／■有　□無　②帰化意思／□有　■無　③意見／□賛成　□反対　　　　□特になし　TEL　06-0000-0000　平成29年7月1日帰化・申請
母	崔　順南　昭和11年3月5日生			（■平成5年3月16日亡）	①交際　　／□有　□無　②帰化意思／□有　□無　③意見／□賛成　□反対　　　　□特になし　TEL　－　　－　　　年　月　日帰化・申請
長女	金　信子　平成9年5月26日生	25	大学生	広島市中区○○町3丁目68番地　（□　　年　月　　日亡）	①交際　　／■有　□無　②帰化意思／□有　■無　③意見／■賛成　□反対　　　　□特になし　TEL　082-0000-0000　　　年　月　日帰化・申請
妻の父	姜　慶柱　昭和10年12月28日生	86	無職	京都府舞鶴市○○町18番地3　（□　　年　月　　日亡）	①交際　　／■有　□無　②帰化意思／□有　■無　③意見／□賛成　□反対　　　　■特になし　TEL　0773-0000-0000　　　年　月　日帰化・申請
妻の母	鄭　芙美　昭和13年7月25日生	83	無職	同　上　（□　　年　月　　日亡）	①交際　　／■有　□無　②帰化意思／□有　■無　③意見／□賛成　□反対　　　　■特になし　TEL　－　　－　　　年　月　日帰化・申請

(注)　1　申請者を除いて記載する。

2　この書面に記載する親族の範囲は，申請をしていない「同居の親族」のほか，申請者の「配偶者（元配偶者を含む。）」，「親（義親を含む。）」，「子（養子を含む。）」，「兄弟姉妹」，「配偶者の両親」，「内縁の夫（妻）」及び「婚約者」である。

なお，これらの親族については，死亡者についても記載する。

3　この書面は，日本在住の親族と外国在住の親族とに用紙を分けて作成する。

(出典：帰化許可申請のてびき（法務省））

118

親族の概要　外国

親族の概要（居住地区分/□日本　■外国）❶					交際状況等
続柄	氏　名 生年月日	年齢	職業	住　所 ※死亡している場合は，住所の記載に代え，死亡日を記載	①交際の有無，②帰化意思の有無，③申請者の帰化に対する意見，④その他（電話番号，帰化申請日，帰化日など）
兄	金　本　昌　明❷ 昭和30年8月7日生	66	会社員	フィリピン国メトロマニラマニラ市以下不明 （□　　年　月　日亡）	①交際　／■有　□無 ❸ ②帰化意思／□有　□無 ③意見／■賛成　□反対 　　　　　□特になし T_{EL}　　－　　－ 平成18年5月28日帰化·申請
姉	金　　昌　美 昭和32年4月1日生			 （■平成32年5月3日亡）	①交際　／□有　□無 ②帰化意思／□有　□無 ③意見／□賛成　□反対 　　　　　□特になし T_{EL}　　－　　－ 　　年　月　日帰化·申請
妹	金　　恵　朱 昭和41年7月2日生	55	不明	韓国　以下不明 （□　　年　月　日亡）	①交際　／□有　■無 ②帰化意思／□有　□無 ③意見／□賛成　□反対 　　　　　□特になし T_{EL}　　－　　－ 　　年　月　日帰化·申請
妹	金　　昌　達 昭和43年9月1日生	53	米国 ○○ 銀行員	アメリカ合衆国カリフォルニア州ロスアンジェルス市○○通1234 （□　　年　月　日亡）	①交際　／■有　□無 ②帰化意思／□有　□無 ③意見／■賛成　□反対 　　　　　□特になし T_{EL}　　－　　－ 　　年　月　日帰化·申請
	 年　月　日生			 （□　　年　月　日亡）	①交際　／□有　□無 ②帰化意思／□有　□無 ③意見／□賛成　□反対 　　　　　□特になし T_{EL}　　－　　－ 　　年　月　日帰化·申請
	 年　月　日生			 （□　　年　月　日亡）	①交際　／□有　□無 ②帰化意思／□有　□無 ③意見／□賛成　□反対 　　　　　□特になし T_{EL}　　－　　－ 　　年　月　日帰化·申請

（注）　1　申請者を除いて記載する。
　　　　2　この書面に記載する親族の範囲は，申請をしていない「同居の親族」のほか，申請者の「配偶者（元配偶者を含む。）」，「親（義親を含む。）」，「子（養子を含む。）」，「兄弟姉妹」，「配偶者の両親」，「内縁の夫（妻）」及び「婚約者」である。
　　　　　　なお，これらの親族については，死亡者についても記載する。
　　　　3　この書面は，日本在住の親族と外国在住の親族とに用紙を分けて作成する。
（出典：帰化許可申請のてびき（法務省））

Q32 「履歴書その1」の作成ポイントは？

履歴書その1とは

　申請者ごとに作成する必要があります。ただし，15歳未満の申請者については作成不要です。しかし，もし審査期間中に15歳の誕生日を迎えた場合は追加で履歴書その1を提出しなければなりませんのでご注意ください。

　履歴書は「その1」と「その2」があり，「その1」には申請者の出生の時から現在までの居住歴，学歴・職歴，身分関係を空白期間のないように詳しく記載する必要があります。多くの申請者が生まれたのは本国になるでしょうから，本国に住んでいた頃の住所も引っ越し歴も含め全て記載します。

　履歴を書く際，もし用紙1枚に収まらないようでしたら2枚，3枚に渡って続きを記載し，現在に至るまで記載してください。

作成のポイント

❶　氏名は，現在の氏名をフルネームで記載します。ミドルネームがある方はミドルネームも忘れずに記載してください。

❷　年月日は全て日本の元号（和暦）で記載する必要があります。履歴書1に記載する「年」の記載方法は省略可能です。例えば「令和3年」であれば「令3」となります。

　そして，もし仮に次の行の年号も同じ年なのであれば「〃」と書いて頂いて結構です。

　さらに，元号が同じ場合は次の行には元号の省略形を書かなくとも結構です。「令和3年」の次の行が「令和4年」なのであれば「年」の箇所には「4」とだけ記載すればよいです。

　生まれた時からの全ての履歴を書かないといけないため，履歴の中には「日にち」まで覚えていない場合もあると思います。その場合は「月」まで記載できれば結構です。「日」の欄は空欄にしましょう。

❸　居住関係を記載します。1行目は，生まれた住所を記載します。2行目以降は住所地を記載します。住所地の最後に（　）を入れ，その中に，次の住所地に引っ越した前日の日

付を入れます。そして引っ越した前日の日付の後ろに「まで」と記載してください。その日まで住んでいたことを示します。現在の住所の最後に（　）を入れ，（現在まで）と書きましょう。

　この履歴は空白期間がないように記載する必要がありますのでご注意ください。本国で何度も引っ越しをしていて「市」までは思い出せるがそれ以降が分からないという場合は，分かる部分まで明記し，分からない部分は「以下不明」と記載してください。

　日本での居住関係についても同様です。もし，申請者が2012年7月8日までに来日している場合は，入管から「閉鎖外国人登録原票」を取り寄せることで住所歴を書くことが容易になるケースがあります。

　2012年7月8日までは，日本には外国人登録制度というものがありました。外国人の情報は入管で全て一元管理されていました。外国人の住所移転情報，在留資格の変遷，身分関係，就職先等，全てこの登録原票に記載されていました。2012年7月9日に廃止されましたので，現在は「閉鎖外国人登録原票」として入管が保管しています。

　住所移転についての記憶が曖昧な方は，この原票を取り寄せるとよいでしょう。しかし，この閉鎖外国人登録原票の開示請求をすると，自宅に郵送されるまでに1か月程度を要します。ですから帰化申請をしようと思ったら，最初にこの原票を取り寄せるようにしましょう。

　この制度が廃止されて既に12年以上経過していますので，2012年7月9日以降現在に至るまでの12年間についての記載は自身の記憶に頼らざるを得ない場合もあります。

　その他，居住関係の欄を埋める際に役立つものとしては，日本に入国以降の全ての在留カードを保持している方は，在留カードに書かれた住所から引っ越した履歴が分かるでしょう。他には，住民票除票を取り寄せるという方法もよいでしょう。東京法務局管轄の場合は住民票の他に住民票除票の提出も求められますので，該当する住民票除票取得後，住所を転記するとよいでしょう。住民票除票が提出必須書類ではない法務局で申請予定の方で居住関係が曖昧な方は，必要書類ではありませんが取り寄せて正確に書くのもよいでしょう。

　住民票除票は，2019年6月20日，改正住民基本台帳法の施行により2014年6月20日以降に消除された住民票除票の写しを2022年1月4日から取得することが可能となりました。しかし，2014年6月19日以前に消除されたものは保存期間が5年のため取得することができません。そうなると，閉鎖外国人登録原票で判明する2012年7月8日までの記録と，住民票除票で分かる2014年6月20日以降の住所記録をもってしても，空白の2年間が生まれ

ます。この期間は，申請者が過去の住所や引っ越した年月日の記憶を振り絞って作成するしかないでしょう。

❹ 学歴について注意頂きたい点は1点です。学校を卒業した際の履歴には「同校卒業」と書かないといけない決まりになっています。中退した場合は「同校中退」となります。

職歴に関しては，本国での職歴や日本に入国した後に行ったアルバイト歴など全てを記載してください。また，会社名がアルファベットの場合はカタカナ読みに直して記載する必要があります。会社名だけではなく具体的な職務内容も忘れずに記載してください。

なお，退職した場合は「前記会社退職」と書き，現在勤務している会社の履歴が最新であることが分かるよう，現職について記載した行の後ろにカッコ書きで（現在まで）と記載してください。

❺ 身分関係は，申請者自身を含む親族に何かあった場合にその状況を記載します。申請者の出生，結婚，親族の死亡，子どもの出生などです。

死亡：父死亡，母死亡などのように記載
結婚：婚姻届を出した年月日を記載した上で，身分関係欄には「韓国人姜和子と婚姻」などのように記載
事実婚を開始した日：「韓国人姜和子と事実婚」などのように記載
離婚：「父母離婚」，「韓国人姜和子と離婚」などのように記載
子どもの出生：「長女信子出生」などのように記載

履歴書（その１）

例3：5・6ページ参照

履 歴 書 （その 1）	氏 名	❶ 金　　竜　作		
年	月	日	居　住　関　係 ❸	学　歴・職　歴 ❹	身　分　関　係 ❺

年	月	日	居　住　関　係 ❸	学　歴・職　歴 ❹	身　分　関　係 ❺
❷昭35	4	18	大韓民国慶尚南道晋陽郡文山面安全里○番地		出生
40	9	2	父母と渡日，横浜市戸塚区幸町○番地（51.3まで）		
42	4			市立五幸小学校入学	
48	3			同校卒業	
〃	4			市立第一中学校入学	
51	3			同校卒業	
〃	4		東京都新宿区柏木○丁目○番地に移転（61.8まで）	私立松木高等学校入学	
54	3			同校卒業	
〃	4			昭和食品（株）入社 営業担当	
61	9		東京都北区東十条○丁目○番地に移転（平5.8まで）		韓国人美和子と事実婚
62	8	20			上記 婚姻届出
平5	3	16			母死亡
〃	9		東京都中野区野方○丁目○番○号メソン○○301号室に移転（現在まで）		
7	3			前記会社退職 10.3まで（株）石山工業でアルバイト	
9	5	26			長女 信子出生
10	4	1		東京寿商事（株）入社営業担当	
22	4	1		第一営業部販売課長（現在まで）	

（注） 1 「年」については，日本の元号で記載する。

2 履歴事項については，古い年代のものから漏れなく記載する。例えば，学歴については，転校，中途退学，卒業の学部等についても記載し，職歴（本国での職歴や日本に入国した後に行った<u>アルバイト歴</u>も含む。）については，勤務先だけでなく，担当した職種についても記載する。

また，身分関係については，父母の死亡及び事実婚についても記載する。

3 用紙が不足する場合には，同一用紙を用いて記載する。

4 この書面は，申請者ごとに作成するが，15歳未満のものについては，作成することを要しない。

（出典：帰化許可申請のてびき（法務省））

第4章　書類作成のポイント　123

Q33

申請者　専門家

「履歴書その 2」の作成ポイントは？

　こちらの履歴書その 2 は，出入国歴，技能・資格，本国での使用言語，賞罰を記載します。

■　作成のポイント

❶　申請者ごとに作成し，氏名の欄には申請者 1 名分の氏名をフルネームで記載します。

❷　出入国記録を列挙する対象期間は人によって異なり，普通要件で申請する方は 5 年間，簡易帰化で申請する方は 1 年～3 年間となります。例えば，国籍法 7 条 1 項前段に係る日本人配偶者が申請者であれば 3 年間記載し，国籍法 7 条 1 項後段に係る日本人配偶者が申請者であれば 1 年間記載することになります。

❸　古いものを一番上に書き，順に列挙してください。年月日は全て日本の元号（和暦）で記載する必要があります。もし用紙 1 枚に収まらないようでしたら 2 枚，3 枚に渡って記載してください。海外出張が頻繁にある方などは枚数が多くなることもあります。

　Q14でご紹介したとおり，日本を出国していた期間が多くある場合は帰化の許可が下りにくくなりますが，その点をこちらの履歴書その 2 で確認されることになります。もちろん，申請者本人の自己申告だけを信じるわけではなく，入管から記録を取り寄せて照合することになりますが，1 次的にはこの履歴書その 2 で審査されることになるので，正確に記載することが大事です。

　元号の記載方法は省略可能です。例えば「令和 3 年」であれば「令 3」となります。

　期間の書き方で注意しなければいけないのは，期間の始期は日本を出国した年月日，期間の終期は日本に帰国した年月日という点です。

　パスポートのスタンプを見て記入していきますが，あまりに海外渡航が多い方やスタンプが鮮明でない場合，全ての履歴を正確に記載することが難しい場合もあります。その場合は，入管から「出入国記録」を取り寄せることをお勧めします。Q32でご紹介した「閉鎖外国人登録原票」同様，総務課出入国情報開示係に開示請求することになるため，請求から自宅に書類が郵送されるまで 1 か月程度かかります。ですから帰化申請をしようと考えたら早めに請求することをお勧めします。

ただし，出入国記録を取り寄せたとしても，渡航記録時の記録が記載されているにすぎず，日本のどこの空港を利用したのか，どの航空会社の何便を利用したのか，出国日，帰国日が記載されているのみですので，実際にどの国に滞在してどんな目的で渡航したのかは申請者ご自身の記憶をたどって思い出して頂く必要があります。

❹ 出国していた日数を記載します。❸の出国日から帰国日までカウントしてください。よって，例えば1月1日に出国し，1月5日に帰国した場合は，5日となります。帰国日も含む点にご注意ください。

また，単純計算すると，月をまたいだり，うるう年などの理由で間違える場合もあるので，念のためカレンダーで確認しながらカウントするようにしましょう。

❺ 渡航先は国名を記載します。もし一度の渡航で数か国訪問した場合は，「フランス，イタリア，スペイン」などのように訪問国全てを列挙してください。

❻ 渡航の目的と同行者等を記載します。本国の実家に帰省した場合は「親族訪問」と記載し，出張の場合は誰と出張したのかを記載します。例えば，「会社の上司と出張」のように記載します。観光旅行の場合は誰と観光旅行したのかを記載します。「会社の同僚と観光旅行」のように記載します。

❼ 総出国数は，列挙した渡航歴の日数の合計を記載します。

❽ 技能・資格の欄は，医師，歯科医師，薬剤師，看護師，教員，理容師，美容師，建築士，調理師その他免許を必要とする職業に従事している方は，その技能・資格の詳細を記載する必要があります。いつ，何の資格を取得したのか，そしてその資格の認定番号等を記載します。その他，自動車の運転免許を取得した方，日本語能力に関する資格を取得した方は帰化審査に関わる技能・資格となるので記載してください。日本語能力に関する資格の記載は必須事項ではありませんが，帰化審査の際に客観的に言語能力をアピールできるので記載するとよいでしょう。

❾ 使用言語は，本国において，親族や友人との間で主に使用している日本語以外の言語を記載します。よって，日本生まれ日本育ちで，本国の親族と日本語でしか会話しない方の場合は「なし」と記載して頂いて結構です。

❿ 賞罰の欄は，過去から現在の違反歴全てを記載します。交通違反に関しては，運転記録証明書を取り寄せると過去5年間の記録が記載されていますが，それより前の違反についても正直に記載してください。記載する時には「令元．12．8　速度違反反則金9,000円」のように反則金の金額も記載します。その他，行政罰や刑事罰の記録も全て記載する必要があります。

⓫ 確認欄は空欄にしてください。

履歴書（その２）

履歴書（その２）	氏名	❶ 金　竜作			
	回数	期　開	日数	渡航先	目的, 同行者等
出入国歴 （最近 ○ 年間） ❷	1	❸ 平29年10月16日 〜29年10月21日	❹ 6	❺ 香港	❻ 会社の同僚と 観光旅行
	2	平30年1月19日 〜30年1月25日	7	中国	会社の上司と出張
	3	平30年2月3日 〜30年2月10日	8	中国	会社の部下と出張
	4	平30年10月1日 〜30年10月20日	20	中国	同　上
	5	年月日 〜 年月日			
	6	年月日 〜 年月日			
	7	年月日 〜 年月日			
	8	年月日 〜 年月日			
	9	年月日 〜 年月日			
	10	年月日 〜 年月日			
	総 出 国 日 数		41 ❼		
技　能 資　格　❽		昭和58年8月15日第1種普通自動車運転免許取得 （免許証番号第30○16○○○○○○○号） 令和4年1月24日日本語能力試験N1レベル			
使 用 言 語　❾		（例）韓国・朝鮮語, 中国広東語			
賞　罰　❿		平30.11.3駐車違反反則金15,000円 令元.12.8速度違反反則金 9,000円			
確 認 欄　⓫					

（注）　1　「年」については，日本の元号で記載する。
　　　　2　出入国歴については，法定住所期間におけるものを記載する。ただし，最短でも最近1年間の出入国歴を記載する。
　　　　　　なお，出入国歴欄が足りない場合には，出入国表（付録第22号様式）に記載する。
　　　　3　使用言語欄については，本国における親族・友人との間で主に使用している日本語以外の言語を記載する。
　　　　4　賞罰欄については，過去から現在までの全てのものを記載する。
　　　　5　確認欄については，記載しない。
（出典：帰化許可申請のてびき（法務省））

Q34

申請者　専門家

「生計の概要その1」の作成ポイントは？

生計の概要その1とは

　申請者，配偶者，その他生計を同じくする親族が，給与，報酬，資産等の収入により生活している場合，1か月にどのくらいの収入があり，どのくらいの支出があるのかを示す書類です。

　こちらの書類は，帰化申請の受付日の前月の給与明細書等から収入金額をそのまま転記して作成します。ですから，書類の中では最後のほうに作成するものとなっています。帰化の要件として「生計の安定性」というものがありますが，入ってきた収入の範囲内で慎ましく生活しているかが審査ポイントとなります。

作成のポイント

❶　作成した年月日を日本の元号（和暦）で記載します。例えば，帰化申請書類の受付日が令和6年9月20日だとすれば，その前月の給与明細は令和6年8月25日くらいにもらえると思いますので，令和6年8月25日以降に作成することになります。

❷　生計を同じくする方の中で収入がある親族の氏名をフルネームで記載します。もし仮に，二世帯家族のように，同じ家に一緒に住んでいるが家計は別というケースの場合は，家計が別ですのでそういった親族の氏名は書かなくて結構です。

❸　税引き後に実際に受け取った金額を記載します。

　　会社員，アルバイトの場合：給与明細書の税金等控除後の手取り金額を記載します。

　　法人等の経営者や役員等：役員報酬を受け取っていると思いますので，給与明細書から役員報酬を転記する，または，法人が備える源泉徴収簿の当該親族分を見て，税金控除後の金額を転記してもよいでしょう。

個人事業主：前年度の確定申告書の損益計算書に記載されている利益が実際の所得となるので，その金額を12等分した金額を転記します。

第4章　書類作成のポイント　　127

不動産所得など，事業収入がある場合：毎月口座に入ってくる実際の収入を転記しましょう。

年金受給者：2か月に1度まとめて受給されているので，2等分した金額を転記します。

育児給付金：自治体により2か月または3か月に一度まとめて支給されたりと，様々だと思いますので，1か月分の支給額にして転記しましょう。

その他の収入等（世帯を異にする親族からの収入等）：世帯が別であっても，離婚した元配偶者などから子供の養育費として定期的に受領している収入がある場合，実際に1か月分として受け取っている金額を転記します。

❹　種目は，❸で解説した状況に応じて記載します。会社員として会社から給与が支給されている場合は「給料（株式会社○○）」，不動産収入の場合は「事業収入（建物賃貸借収入）」などのように記載します。

❺　備考欄には勤務開始日を記載します。会社員の場合は現職の会社に入社した年月日を，経営者の場合は開業届を出した年月日または設立登記をした年月日を記載します。

　　年月日は全て日本の元号（和暦）で記載する必要があります。そして，元号の記載方法は省略可能です。例えば「平成10年」であれば「平10」となります。「月」を省略することも可能です。よって，平成10年4月から勤務している場合は「平10．4から勤務」と記載します。経営者の場合は「平10．4から経営」と記載してください。

❻　収入の合計額を記載します。また，この❻の収入金額と，⓮の支出金額は1円単位で合致するようにしてください。一般的には収入と支出が合致しているということは，収入全てを消費したということになり不自然だと思われるかもしれませんが，法務局のルールですので従ってください。

❼　食費は1か月に生計を一にする親族が使うだいたいの金額の合計を記載してください。1円単位で記載する必要はありません。帰化審査の際，どのくらい使っているのか審査官が目安を把握できるようにしていると考えて頂ければ結構です。

❽　住居費は，賃貸の物件にお住いの方は賃貸借契約書から共益費，管理費，駐車場代，自治会費等，毎月実際に控除されている金額の合計を記載します。備考欄にはその名目も記載してください。「家賃（管理費等含む）」などのように記載してください。

　　自宅を購入して住宅ローンを払っている場合は，毎月の返済金の額を記載します。

❾　1か月内に使った教育費を記載します。日本語学校に通っている場合はその授業料，または子どもの教育費としてかかった金額など，教育に関する費用となります。そして備考

欄には「日本語学校授業料・テキスト代，子どもの塾代」のように名目を記載します。

❿　毎月支払う借金の返済額を記載します。自動車のローンや奨学金の返済金などです。

⓫　生命保険等の支払い保険料を記載します。こちらは，健康保険料や厚生年金保険料，国民年金保険料を記載する欄ではないのでご注意ください。民間の死亡保険，医療保険，学資保険など，任意で申請者が加入して月々支払っている保険料となります。そういった保険に加入していない場合は「0」と記載して頂いて結構です。

⓬　預貯金は，毎月どの程度預貯金として貯めることができる余剰資金があるかを記載してください。次の⓭でご説明する「その他」の金額との兼ね合いによって，適度な額を預貯金欄に記載して頂ければ結構です。例えば，月5万円，月10万円程度です。

⓭　その他の欄は，主に光熱費，通信費，交際費等の合計金額を記載します。

　この欄の書き方は独特なためとても違和感を覚える方が多いのですが，ルールだと思って従って頂くしかないのですが，❻の収入から，❽から⓬までの合計の支出額を差し引いて残った額を1円単位で転記します。

　もし仮に，❽から⓫の合計額と❻の収入額がほぼ一致するようでしたら⓬の預貯金額はあまり多く設定できないことになります。ですから，⓬の預貯金額と⓭のその他は最後に調整することになります。

　このようにご説明すると，まるで数値を操作しているかのように思われ，誤解を生じる恐れがありますが，冒頭でも申し上げたとおり，生計の概要その1では「生計の安定性」を審査されます。よって，収入よりも支出の額のほうが大きい場合は生計が安定していないと判断される可能性が高くなるので，申請の際には収入の範囲内で慎ましく生活しているということを示す必要があるのです。多くの方は実際のところ，入ってきた収入の範囲内で生活していると思われますのでありのままの姿をそのまま示せばよいでしょう。

　もちろん虚偽はいけないので，もし仮に，月々の返済金額が大きく，毎月預貯金を切り崩して生活している場合は真実のまま申告するしかありません。

⓮　⓬と⓭で調整するので，❻の収入の額と⓮の支出の額は合致します。

⓯　借入の目的は，自動車や住宅購入のために金融機関などから借り入れしている場合に記載します。目的ですので「自動車購入」，「住宅購入」のように記載します。

⓰　借入先は金融機関名と支店名を記載します。

⓱　申請時点での残債務を記載します。

⓲　借入金額を払い終える年月を記載します。❺同様，年月日は全て日本の元号（和暦）で記載する必要があります。そして，元号の記載方法は省略可能です。例えば完済が「令和5年1月」なのであれば「令5．1」となります。

第4章　書類作成のポイント　129

生計の概要（その１）

生 計 の 概 要（その１）			❶（令和○○年○○月○○日作成）	

	❷氏　　　名	❸月　収（円）	❹種　　目	❺備　　考
収	金　　竜　作	284,000	給料（（株）○○）	平10.4から勤務
	同　　上	65,000	事業収入 （建物賃貸収入）	
	姜　　和　子	64,000	給料（栄食品パート）	平20.1から勤務
入				
	合　　　　計	❻　413,000		
支	支 出 科 目	金　額（円）	備　　　　　　考	
	食　　　　費	❼　120,000		
	住　居　費	❽　97,500	家賃（管理費等を含む）	
	教　育　費	❾　33,000		
	返　済　金	❿　28,500		
	生命保険等掛金	⓫　30,000		
	預　貯　金	⓬　70,000		
	そ　の　他	⓭　34,000	光熱・水道代，医療費等	
出				
	合　　　　計	⓮　413,000		
主	⓯借 入 の 目 的	⓰借　入　先	⓱残　　額	⓲完 済 予 定
な	自動車購入	○○銀行○○支店	1,458,000	令5.1
負				
債				

（注）　1　世帯を同じくする家族ごとに作成する。
　　　　2　月収額については，申請時の前月分について，その手取額を記載する。
　　　　3　収入の種目欄については，給与，事業収入，年金等の別を記載する。
　　　　4　収入が世帯を異にする親族等からの仕送りによる場合には，月収欄に送金額を，種目欄に仕送りである旨を，備考欄に仕送人の氏名及び申請者との関係を，それぞれ記載する。
（出典：帰化許可申請のてびき（法務省））

Q35

申請者　専門家

「生計の概要その2」の作成ポイントは？

生計の概要その2とは

　生計の概要その2は，現在保有している資産を記載します。お客様の中には，どこまで個人情報をさらけ出さないといけないのかと驚く方もいるのですが，日本国籍を取得した以降は日本人として生活していくわけですから，審査する上で資産情報は重要な情報となるのです。

　しかし，注意して頂きたいのは，資産が多ければ多いほど許可の可能性が高まるわけではありません。そうなってくると資産家の外国人であれば帰化しやすくなるという不平等が発生します。

　ざっくりと申し上げると，65歳未満の申請者については不動産や高価な動産などを保有していなくとも，毎月安定した収入があり，毎月その収入の範囲内で慎ましく生活している方であれば許可の可能性は充分にあります。ただ，65歳以上の申請者の方で年金受給だけで生活している方の場合は，資産をどのくらい保有しているかがある程度大事になってきます。定年退職しているわけですから，年金と今保有している資産で安定した生計を営むことができるかどうかは重要な情報となります。

　ですから，まだ30代や40代の働き盛りの申請者は，資産をあまり保有していないことについてはそこまで気にする必要がないでしょう。むしろ，現職を長く続けて安定した収入を継続して得るよう注力してください。

作成のポイント

❶　在日および在外不動産を全て記載してください。ただし，在外不動産の証明書類の提出は不要です。在日不動産の証明は土地や建物の登記事項証明書を提出することになります。ちなみに，マンションなどの共同住宅にお住いの場合，昭和59年1月1日に区分所有法と不動産登記法が改正され敷地権という登記ができました。敷地権化されたマンションの場合は登記事項証明書が一体化されていますが，もし仮に昭和59年よりも前に建てられたマ

第4章　書類作成のポイント　　131

ンションで敷地権化されていない物件を保有している場合は，マンションであっても土地と建物で別々の登記事項証明書を取得しなければなりません。

種類に関しては，登記事項証明書の記載とおりに転記してください。

土地であれば「地目」の欄，建物であれば表題部の「種類」の欄とその右隣の「構造」の欄から転記します。

❷　面積は，表題部の「地積」，「床面積」から転記します。

土地であれば，「地積」の平米数となります。一見して1つの土地であっても，何筆にも分筆登記されている場合（1つの土地を複数の土地に分けて登記している場合）はトータルの地積平米数を記載します。

建物であれば，2階建て，3階建てのケースもあるでしょうから，トータルの床面積平米数を記載します。

マンションなどの区分所有の場合は，申請人がお住いの専有部分の床面積の平米数を転記します。

❸　時価等は，現時点で売却したらどの程度の資産価値があるかということです。購入時の価格を参考にして，概算で現在どのくらいの価格なのかを検討することになります。しかし，購入時よりも評価が下がっている場合もありますし，ここ数年の不動産価格の高騰のように購入時よりも高くなっている場合もあります。ですから，より正確に記載したい場合は，インターネットなどを用い，近隣の物件でご自身の物件と同様の築年数，広さの物件の販売価格を調査してもよいでしょう。

❹　登記事項証明書の権利部に記載されている「所有者」から転記してください。共同名義の場合は連名で記載することになります。

❺　預金先は銀行名および支店名を記載します。申請時に通帳のコピーを提出することになりますが，近年はWEB通帳を使っている方も多くなっています。WEB通帳の場合，銀行によっては取引明細のページに銀行名，支店名，口座名義人名の情報が載っていない場合もあります。その場合は該当情報が載っているページを別途ダウンロードして印刷する必要があります。そうしないと，取引明細のページだけでは誰の口座情報なのか不明のため，法務局で受付してもらうことができません。

なお，法務局によっては銀行から残高証明書を発行してもらってもよいとしている所もあります。残高証明書の場合は，銀行名，支店名，口座名義人名が明記されているので問題ないでしょう。

❻　名義人は預金通帳の口座名義人を転記します。アルファベットの氏名で銀行口座を開設

している方であっても，名義人の欄はカタカナで記載してください。

❼　金額の欄には，通帳コピー，または残高証明書の残高を転記します。通帳コピーや残高証明書などの証拠書類と，生計の概要その2の「金額」の欄は1円単位で正確に転記しないといけません。受付の際に照合されます。

❽　株券，社債等をお持ちの方は記載が必要です。そして，証券会社の取引明細書や取引残高報告書などを証拠書類として添付します。近年はWEBの証券口座しかない方もいますので，その場合はWEBの口座情報と，申請時に保有している銘柄や時価が分かるページをダウンロードして印刷する必要があります。

❾　評価額は，❽で用意した証拠書類に記載されている現時点での評価額を転記します。

❿　名義人は当該株券や社債等を保有している方の氏名を日本の常用漢字，ひらがな，カタカナで記載します。

⓫　高価な動産は，おおむね100万円以上のものを記載します。例えば，自動車，貴金属，時計などの動産です。自動車についてはかなり詳細に記載する必要があります。車種，年式，排気量を記載しないといけません。

⓬　評価額は，現時点で売却した場合どの程度の金額になるのかを，おおよその金額で記載します。自動車であれば，インターネットなどの中古車サイトを参考にして記載してもよいでしょう。

⓭　名義人は当該動産を所有している方の氏名を記載します。こちらも日本の常用漢字，ひらがな，カタカナで記載します。

生計の概要（その２）

生 計 の 概 要（その２）

	❶ 種　　類	❷ 面　積	❸ 時　価　等	❹ 名　義　人
不動産	（在日不動産） 宅地 共同住宅 鉄筋コンクリート造 （在外不動産） 宅地	495㎡ 76㎡ 130㎡	時価3,600万円程度 時価3,000万円程度 時価 800万円程度	金竜作名義 金竜作，姜和子名義 金山継達名義

	❺ 預　　入　　先	❻ 名　義　人	❼ 金　額（円）
預貯金	○○銀行○○支店	金　竜　作	2,000,000
	ゆうちょ銀行○○店	姜　和　子	500,000

	❽ 種　　　類	❾ 評　価　額	❿ 名　義　人　等
株券・社債等	株券　　　　3,000株	時価　120万円程度	金　竜　作
	社債等　　　　100口	時価　240万円程度	姜　和　子
	ゴルフ会員権　　1口	時価　300万円程度	金　竜　作

	⓫ 種　　　類	⓬ 評　価　額	⓭ 名　義　人　等
高価な動産	貴金属	時価　300万円程度	姜　和　子
	普通自動車	時価　350万円程度	金　竜　作
	（クラウン 2015年式 　　　　3,000cc）		

（注）　1　高価な動産欄については，おおむね100万円以上のものを記載する。
　　　　2　不動産については，国外にあるものも記載する。
（出典：帰化許可申請のてびき（法務省））

Q36

申請者 専門家

「事業の概要」の作成ポイントは？

事業の概要とは

　事業の概要は，会社経営者，会社役員として登記されている取締役や監査役等，および，個人事業主の申請者および生計を一にする親族がいる場合に作成しなければなりません。会社員として給与所得者等で生活しており，ご自身または親族が事業を営んでいない場合は作成する必要はありません。

　単に名義貸しをして登記簿に役員として登記しているだけ，という言い訳は通用しないのでご注意ください。役員として登記されている場合は必ず事業の概要やその証拠書類等の提出が必要となります。

　以前，大会社の役員をしている方の帰化申請を行ったことがありました。事業の概要作成はとても大変でした。借入も至る所から行われており，決算書類も分厚く，資料を読み解くのに苦労した経験があります。申請者自身が設立した会社でなくとも，役員として登記されている場合は提出必須となりますので留意してください。

　書類作成の際に使用する資料としては，個人事業主の方は前年の確定申告書などを参考にして書類を作成します。法人の方であれば法人の登記事項証明書と帰化申請時点で存在する直近の決算書類などを参考にします。通常，決算期から2〜3か月後には決算書類が整い法人税等を納税すると思いますので，帰化申請のタイミングによってはまだ最新の決算書類が出来上がっていない場合もあると思います。その場合の直近の決算書類は前年度の決算書類となります。

　もし，前年度の決算書類を提出した場合，法務局にもよりますが，多くの法務局では審査期間中に追加で最新版の決算書類を提出するように依頼があります。ですから，前年度は黒字で，今年度は赤字だったけれども，提出した書類が前年度のもので良かったなどと思わない方がよいでしょう。いずれ，1年にも渡る審査期間中に最新版の決算書類も提出することになります。そして，赤字決算の場合は不許可になる可能性があります。

　さらに，法人を複数経営している方は，経営している法人の分だけ事業の概

要を作成する必要があります。

◢ 作成のポイント

❶ 法人の場合は帰化申請時点で存在する直近の決算書類から会計年度を転記してください。
個人事業主の方は前年分の会計年度を記載します。法人の場合は会計年度は各法人によって異なっていますが，個人事業主の場合は1月1日から12月31日が会計年度になります。年度は現時点でお持ちの最新版（前年度）の確定申告書から転記します。

❷ 法人名，または個人事業名（屋号）を記載します。

❸ 所在は，法人の場合は本店所在地，個人事業主の場合は個人事業として登録している事業所の住所です。

❹ 開業年月日を記載します。法人の場合は法人の登記事項証明書に載っている法人の設立日，個人事業主の場合は開業届を行った年月日となります。

❺ 法人の代表者名，個人事業主の氏名を記載します。また，カッコの中に申請者との関係性を記載しますが，ここは，本人，夫，兄などと記載します。

❻ 営業の内容にはどんな事業を営んでいるのかを列挙します。法人の場合は登記事項証明書の「目的」に書かれている項目の中でメインとして行っている事業をピックアップしてください。
個人事業主の場合は，「貴金属の輸入業」など，事業内容を簡潔に記載してください。

❼ 許認可が必要な事業の場合，許認可を受けているはずですので，事業所などに掲げている許認可証から許認可の年月日と許認可番号を転記してください。許認可を必要としない事業をされている方は空欄のままで結構です。

❽ 確認欄は法務局側で記入する欄ですので空欄のままにしておいてください。

❾ 法人の場合は登記事項証明書の「資本金の額」の欄から転記してください。個人事業主の場合は資本金というものがないので「0」と記載して頂いて結構です。

❿ 従業員数を記載します。経営者自身以外で勤務している，パート，アルバイト，契約社員，正社員の人数を記載します。専従者とは，事業主と生計を一にしている配偶者や15歳以上の親族などの家族従業員のことです。夫が事業主，妻とその他1名のアルバイトがいる場合「従業員数2名（内専従者1名）」となります。

⓫ 事業用財産は財産の種類と数量も記載します。店舗であれば「店舗」だけでなく「店舗（木造2階建）」，小型ダンプカーであれば「小型ダンプカー1台」のように記載します。

136

☞以下⓬から⓳は法人の決算書類，または個人事業主の確定申告書類を見ながら記載してください。

⓬　売上高を転記します。個人事業主の場合は青色申告書の売上を転記します。

⓭　売上原価を転記します。

⓮　販売費等を転記します。個人事業主の場合は青色申告書の経費の合計を転記します。

⓯　営業外収益を転記します。メイン事業の他に収益がある場合発生することがあります。

⓰　営業外費用を転記します。メイン事業の他に何か活動をしている場合費用が発生することがあります。

⓱　特別利益を転記します。経常的な事業活動とは直接かかわりのない臨時的に発生する利益などです。固定資産売却益や投資有価証券売却益，助成金等で会計上金額が大きいものやコロナ関連の給付金などが特別利益に該当します。

⓲　特別損失を転記します。臨時・突発的に発生するもので，固定資産売却損や投資有価証券売却損，災害などによる損失が該当します。

⓳　純利益を転記します。売上，営業外収益，特別利益の合計額から費用や損失を控除した利益です。また，その利益を売上高で除した利益率をカッコの中に書くようにしましょう。

☞⓴から㉔は「負債」について記載します。現時点で借入残高のある情報を全て記載します。

⓴　借入年月日は日本の年号（大正・昭和・平成・令和）で記載してください。

㉑　借入先は金融機関からの借入であれば金融機関名を正式名称で記載します。個人からの借入の場合は個人のフルネームを記載します。

㉒　借入額は，借入を行った当初の金額を記載します。

㉓　期末残高は，現時点での期末残高を記載します。

㉔　返済方法は，実際に行っている返済の方法を記載します。毎月定額を返済している場合は「毎月　５万円」などのように記載し，ご自身のタイミングで任意の金額を返済している場合は「随意」と記載します。

㉕　借入の理由と返済の状況を記載します。何のために借りたのか，そして，その返済状況はどうなっているのかを簡潔に記載してください。

☞㉖から㉛は，主要な取引先を数社記載してください。

㉖　法人名または代表者名を記載してください。

第４章　書類作成のポイント　　137

㉗ 所在は取引をしている法人または代表者の事業所住所を記載してください。

㉘ 電話番号は通常事業所の電話番号を記載してください。

㉙ 年間どのくらいの仕入れを行っているのか，または販売を行っているのか，取引内容に寄りますが，概算の数値を記載してください。

㉚ 取引の内容は簡潔に記載してください。「建築資材の仕入れ」などで結構です。

㉛ 取引期間を記載してください。明確に覚えていない場合は「開業時から」や「5年」などだいたいで結構です。

㉜ 備考は，主に利用している取引銀行の情報を記載します。支店名まで記載します。

事業の概要

事業の概要		❶対象となる期間	令和○○年○月〜 令和○○年○○月
❷商 号 等	(株)○○工務店	所　　在❸	東京都中央区茅場町○−○−○
❹開業年月日	平成21年10月1日	経　営　者❺	○　○　○　○ 申請者との関係（　　兄　　）
❻営業の内容	1　建設資材の販売 2　建設工事の請負	許認可の年 月日番号等❼	平成21.5.7般−04 第2×80号　　　（確認欄）❽
		営業資本❾	1,000万円
		従業員数❿	8名（内専従者1名）
⓫事業用財産	店舗（木造2階建），小型ダンプカー1台，小型トラック2台，ブルドーザー1台		
⓬売 上 高	5,435万円	営業外費用⓰	万円
⓭売 上 原 価	2,250万円	特 別 利 益⓱	万円
⓮販 売 費 等	2,765万円	特 別 損 失⓲	万円
⓯営業外収益	7万円	利　　益⓳	427万円（利益率7％）

負	借 入 年 月⓴		借　　入　　先㉑	借入額（万円）㉒	期末残高（万円）㉓	返済の方法㉔
	平成	25 10	○○銀行	800	310	毎月5万円
	平成	29 3	○○信用金庫	1,000	480	毎月10万円
債	平成	29 4	山 田 一 夫	200	50	随 意

㉕借入の理由及び 返済状況	開業準備並びに事業拡張のため借り入れ，遅滞なく返済している。

取 引 先	名称又は代表者名㉖	所　　在㉗	電話番号㉘	年間取引額 （万円）㉙	取引の内容㉚	取 引 期 間㉛
	(株)清水製作所	東京都大田区 大森西○−○	3621-423×	1,880	建設資材の 仕入れ	開業時から
	山川物産（株）	東京都荒川区 町屋○−○−○	3623-771×	540	その他の材料の 仕入れ	〃
	(株)大木建設	東京都目黒区 中目黒○−○	3302-631×	2,900	建設工事	〃
	大洋興産（株）	東京都大田区 羽田○−○−○	3326-789×	2,600	〃	5年

備考	取引銀行㉜ ○○信用金庫○○支店，○○銀行○○支店

（注）　1　「年」については，日本の元号で記載する。
　　　　2　この書面は，複数の事業を経営している場合には，1事業ごとに作成する。
　　　　3　個人事業については前年分について，法人については直近の決算期について，それぞれ作成する。
　　　　4　確認欄については，記載しない。
（出典：帰化許可申請のてびき（法務省））

Q37

申請者　専門家

「動機書」の作成ポイントは？

動機書とは

帰化申請書類の中に，申請者ご自身の直筆の「動機書」というものがあります。こちらは，帰化したいと思ったきっかけ，帰化したい理由，帰化した後はどうしたいかなど，申請者の状況や心境を作文に纏めたものです。

その他の作成すべき書類を行政書士等にPC等でタイピングして作成してもらったとしても，「動機書」だけは申請者自身が手書きで作成しなければなりません。

ただし，特別永住者の方，および，15歳未満の申請者については動機書の提出が免除されています。申請書類受付時に15歳未満だった申請者が審査期間中に15歳の誕生日を迎えた場合は追加で動機書の提出が求められるでしょうから，もし動機書提出を避けたいと思われるようでしたら，審査期間が1～1年半（長い方ですと2～3年かかるケースもございます）かかるということを加味して申請するようにしましょう。

また，高齢のため文字が書けないなど事情がある方の場合は代筆が認められていますが，近年は「高齢」とされる年齢が上がってきており，弊所の75歳以上のお客様でも代筆は認められなかったため，原則として申請者自身が作成しないといけないとお考えください。

動機書は，なぜ帰化したいのかを審査官が知るための資料となることはもちろんですが，日本語の文章を書くことができるのかを審査するための手段でもあります。外国人にとって，自由な形式で日本語の文章を一から作成することはとても大変な作業です。文章が不自然だったり，そもそも何を書いているのか理解不能な日本語の場合は，帰化の許可がもらえる程度の日本語能力がないと判断されることもあるので，動機書作成は真剣に取り組んで頂きたいです。

☞　日本語での作文ができるか，日本語を自筆で書けるかを試しているという要素がありますが，内容の良し悪しで許可，不許可が決まるわけではありません。審査官に好印象を持ってもらおうと嘘を書いたり誇張したりする必要はありません。もちろん嘘は絶対

にいけません。自身の素直な心境をありのまま書くようにしましょう。

作成ポイント

A4サイズの定型の書式があります。その用紙1枚に収めるようにしましょう。長々と何枚も書く必要はありません。簡潔にまとめるのがコツです。

過去，現在，未来に分けてポイントごとに記載するとよいでしょう。

①　過去

・どこで生まれ育ち，どんな生活を送っていたのか

②　現在

・なぜ来日したのか

・来日後，現在に至るまで何をしてきたのか

・現在の生活状況について（生計の安定性）

・なぜ帰化したいと思ったのか

・義務を果たしているか

・家庭の状況，子女の就学状況について

③　未来

・帰化後はどのようなことをしたいのか

・社会貢献の取り組みについて

・本国への思い

・帰化意思について

自己申請される方は，初回でいきなり清書するのは避けたほうがよいでしょう。鉛筆で下書きし，法務局の相談の際に案文を法務局に持っていき，職員に一度見てもらうことをお勧めします。

誤字，脱字は印象が悪くなります。チェックをしてもらえる法務局なのであればぜひ誤字，脱字は指摘してもらいましょう。そして，その後，ボールペンで清書するとよいでしょう。

帰化の動機書（サンプル）

帰　化　の　動　機　書

　私は中国で生まれ育ち，大学まで地元で過ごしました。小さいころから

日本のアニメが大好きで，いつか日本に住んでみたいと思っていました。

　大学卒業後に開発会社に勤務していた時，日本で働くチャンスに恵まれ，

勤務していた会社を退職し，平成〇年〇月に初めて来日しました。来日して

みて，日本人は周りの人への気遣い，仕事に対する責任感など，私が想像

していた以上にすばらしい国だと感じました。私は現在エンジニアとして

重要なプロジェクトを任され，システム開発の分野に貢献しています。

上司や同僚との関係も良好で，私生活でも日本人の友達がたくさんでき，

公私ともに充実した生活を送っています。

　私は交通違反や法律違反をしたことがなく，納税の義務も果たしており

善良な生活を送っています。来日して〇年経ちましたが，私の生活の全て

が日本にあり，これからも安全な日本で暮らしていきたいと願っています。

今後，本国に帰る意思はございません。帰化後は，エンジニアとしてさらに

日本経済や日本の社会に貢献できるよう努力していきたいと思っています。

　どうか帰化許可のほどよろしくお願いいたします。

令和〇年〇月〇日

申請人　　〇〇　〇〇

（注）　1　帰化したい理由（例えば，日本に入国するに至った経緯及び動機，日本での生活についての感想，日本に入国した後に行った社会貢献，本国に対する思い，帰化が許可された後において行うことを予定している社会貢献，帰化が許可された後における日本での生活の予定等）を具体的に記載し，末尾に作成年月日を記載し，署名する。
　　　2　原則として，申請者が自筆（パソコンは不可）する。
　　　3　この書面は，申請者ごとに作成するが，15歳未満のものについては，作成することを要しない。

Q38

申請者　専門家

「在勤及び給与証明書」の作成ポイントは？

■　在勤及び給与証明書とは

　初めて見る書式かと思います。こちらは在職証明書と給与明細書が一体化したような書式になっています。

　申請者及び配偶者並びに生計を同じくする親族が，給与，報酬等の収入により生活している場合に提出する必要があります。

　Ａ４用紙上半分には在職状況を記載します。会社員であれば現在お勤めの会社でどんな業務をしているのか具体的に記載します。

　そして，Ａ４用紙下半分には，原則，申請書類受付日の前月に支給された給与明細書から数値を転記します。

　近年，多くの法務局にて，国籍を秘して勤務している申請者の方々に配慮し，在勤及び給与証明書の提出の代わりに，在職証明書と社員証の写しまたは給与明細書の提出でもよいとされるようになりました。法務局指定の書式が見なれない書式のため，勤務先に提出して捺印をもらおうとすると，この書類は何なのか，どこに何のために提出するのかを質問されるケースが多く，そういった面倒なケースを避けたいと思う方々に配慮するようになったのだと思慮しています。

　勤務先の代表者か給与の支払責任者から捺印をもらうことになります。書類受付日の前月の給与支給後に作成し捺印して頂くことになるため迅速に対応する必要があります。あまり時間がありません。社内の捺印申請・捺印作業に日数を要する会社等に勤務している場合は，予め人事または経理などに話しておくことをお勧めします。

　多くの場合，勤務先の方が作成するのではなく，申請者または行政書士などの専門家が書類を作成し，それを勤務先に提出して捺印をもらっています。もちろん勤務先で全て記入，捺印して頂けるのであればお任せしても構いませんが，近年は申請者側のほうで作成し会社に提出する方が多いです。会社に手間をかけさせたくないという思いからなのでしょう。

第4章　書類作成のポイント　　143

作成のポイント

❶ 帰化申請人の現住所を記載します。

❷ 帰化申請人の氏名と生年月日を記載します。氏名はフルネームで書いてください。また通称名ではなく本名で書きましょう。

❸ 職種は具体的な職務内容まで記載してください。

❹ 入社日を日本の元号（大正・昭和・平成・令和）で書きましょう。月日は正確に書きましょう。

❺ 現在所属している部署（課）名を記載します。

❻ 書類作成日または捺印日を記載します。

❼ 会社住所，会社の名称，捺印権限者名を記載します。PCでタイピングしてもよいですし，ゴム印等で会社情報を入れて頂いても結構です。

❽ 給与明細書から該当の数値を転記して正確に作成します。いつ支給された給与なのか「令和〇年〇月分」と記載する箇所も忘れずに埋めるようにしてください。

　なお，申請者の中には会社員ではなく，経営者の方もいます。その場合は，自身で給与明細書から数値を転記し，自身で会社の代表印を捺印します。職種は，代表取締役，取締役などと記載することはもちろん，「営業担当取締役」など具体的な管掌区分まで記載した方がよいでしょう。

在勤及び給与証明書

在勤及び給与証明書

❶住　　所　　東京都中野区野方○丁目○番○号メゾン○○301号室

❷氏　　名　　金　竜作　　昭和35年4月18日生

❸職　　種　　（具体的に）第一営業部販売課長

　　❹上記の者は平成10年4月1日に

当社に入社し，現在，第一営業部販売課に勤務し，下記の給与を支給していることを証
　　　　　　　　　　　　❺
明します。

　　❻令和○○年○月○日
　　　　　　東京都千代田区外神田○丁目○番○号　❼
　　　　　東京寿商事株式会社
　　　　　　　代表取締役　　中村　栄造　　印

	❽ 給　　与　　関　　係		
	令　和　○○　年　○　月　分		
支給額	基　本　給	月　給	260,000円
		日　給	（1ヵ月支給額）　　　円
	時　間　外　勤　務　手　当		16,000円
	家　　族　　手　　当		12,000円
	勤　務　地　手　当		円
	そ　の　他　の　手　当		28,000円
	交　　通　　費		6,200円
			円
	計		322,200円
控除額	源　泉　所　得　税		11,000円
	市　区　町　村　民　税		12,300円
	健　　康　　保　　険		8,400円
	厚　　生　　年　　金		6,500円
			円
	計		38,200円
差　引　支　給　額			284,000円
備　考　　賞与は年2回6ヵ月分支給			

（出典：帰化許可申請のてびき（法務省））

第 5 章

帰化申請サポートを
業とするには

帰化申請サポートを業とするにはどのような心構えが必
要でしょうか。営業や報酬決定を含めた実務的なことを
解説します（申請者の方は，読み飛ばしていただいて大
丈夫です）。

Q39

専門家

具体的にどのようなことをするのですか？

一番重要なこと

　帰化申請サポートを業とするために一番重要なことは，要件判断がきちんとできることです。

　では，どのようにして帰化の要件を満たしているのかを的確に判断するのでしょうか。まずは，帰化申請に係る関係法令を正しく理解していることが大前提です。国籍法はもちろんのこと，申請者がこれまで日本に在留していた際に保持していた在留資格と活動内容が合致していたか，在留期間の実質的な中断はなかったかなど，出入国管理及び難民認定法（以下「入管法」という）を正しく理解しているかが重要になります。

　　☞　ある法務局では，帰化申請サポートを業としている専門家の中でも，在留資格に精通している行政書士に相談するようにアドバイスをしているようです。外国人の申請者が「私一人では申請書を作成するのが難しいので，誰か専門家を紹介してもらえないでしょうか」と聞いたそうです。その質問に対して法務局の職員の方は「法務局では特定の誰かを紹介することはしていません。しかし，ご自身で探す際には，申請取次者証明書を保有している行政書士さんがいいのではないかと思いますよ。申請取次の行政書士さんは入管法に精通していますから。」と答えたそうです。

日々研鑽

　帰化申請サポートは一朝一夕の暗記でできる業務ではありません。焦らずコツコツと実績を積んでいき，100件以上案件をこなすことで感覚が身についてきます。

　帰化申請サポートを業とするのであれば，まずは関係法令を読み込み，正しく解釈できるようになりましょう。そして，実務での取り扱いについて，行政書士会や民間で実施している研修で生の事例に多く当たってみることが大事です。そうすることで要件判断ができるようになってきます。

148

申請者の人生の一大イベントに関わる重要な仕事ですので，しっかりと要件判断ができるように日々勉強を怠らないようにしましょう。帰化審査要領は非公開で，内部の運用は数年ごとに変わっていきます。古い情報では太刀打ちできません。申請者に同行して全国の色んな法務局で最新情報を取得したり，行政書士会の勉強会や研修などで最新の実務の実態を学んだり，自ら行動して研鑽する必要があります。

ヒアリングと必要書類の列挙

次に，申請者の状況を細かくヒアリングして，当該申請者に適した必要書類を列挙できるようになりましょう。全て漏れなく必要書類を列挙できるようになるには数年は経験を積む必要があります。最初は法務局に同行して職員から必要書類をおしえてもらうしかないかもしれません。しかし，私は開業当初から，なるべく法務局に行かずに必要書類を列挙するようにしてきました。なぜなら，法務局は完全予約制です。必要書類を聞くためだけに申請者に会社を休んでもらって同行して訪問するのは忍びないからです。私は研修でいくつかのパターンに触れていたため，当初から必要書類を自身で列挙することができました。しかし，もしそういった研修等を受けずに開業する方の場合，無理をしないほうがよいでしょう。

我流で頑張って必要書類を列挙し，もし，間違っていた場合や抜け漏れがある場合は後から取り返しがつかなくなります。何度も本国から書類を取り直すのは大変ですし，申請者との信頼関係も崩れます。「この先生を信じても大丈夫かしら」と不安に思われることのないよう気をつけましょう。

☞ 開業当初は無理せずに法務局に通って一覧表をもらい，小分けにして書類を収集する度に法務局でチェックをしてもらったほうがいいかもしれません。お客様にとっては無事に書類を受け付けてもらい，帰化審査がスムーズにいくことが一番大事なことです。

書類の収集

必要書類を示した後は，書類の収集，書類作成に取りかかります。これは各事務所のプランにもよりますので，どの部分を専門家が行い，どの部分を申請

第5章　帰化申請サポートを業とするには　　149

者本人に行って頂くかは自由です。

☞ 弊所では，多くのお客様が自身で書類を収集し，書類作成を弊所に依頼しています。専門家としては書類作成の正確性が求められます。生まれてから現在までの履歴書などは，申請者の記憶に基づいて回答頂いた内容を整理して作成するので，間違いや抜け漏れがあることも多々あります。いかにその辺をできるだけ正確に繋げるか，修正できるかが専門家の腕の見せ所です。閉鎖外国人登録原票や住民票除票を取り寄せたり，それでも不明な点は申請者に再度確認をしたりしながら進めていきます。

　書類の収集に関しては，専門家がハンドリングしなければなりません。本国書類の収集の際，間違った書類を取得した場合には取り直しを指示します。「そもそもどんな書類なのか分からない」「どこで取得したらいいか分からない」と言われることもあるので，サンプルを見せたり，取得できる場所を教えたりすることもあります。また，日々色んな国籍の方から照会が入り，書類の収集の進捗も人それぞれですので，テキパキと捌きつつ，一人一人の管理を正確に行う必要があります。

　その他，取得書類には期限があるので，取得する順番も重要になります。一番期限の短い書類だと，受付日から遡って2か月以内のものである必要があります。期限を過ぎてしまうと取り直しになるので注意が必要です。

● 書類の送付・同行

　収集すべき書類，作成すべき書類が完成したら，正本と副本に整えて申請者のご自宅に書類を郵送します。

　プランによっては完成した書類を受付する日に，申請者と共に法務局に同行して受付の場に立ち会うこともあります。作成した書類については，作成した専門家が説明できますので申請者にとってはメリットが大きく，同行を依頼するお客様は多いです。

● アフターフォロー

　受付が無事に終わっても，プランによってはその後も面接のアドバイスをし

たり，変更事項の書類を作成したりと，結果が出る1～1年半後までお付き合いする方もいらっしゃいます。本当に身の回りのお世話係になったつもりでサポートを行わなければなりません。帰化案件を受任したからには長いお付き合いになります。

☞ 結婚や出産，引っ越しなどといったタイミングでいきなりお客様から電話がかかってくることもあります。個人の方を対象としたサービスですので，お客様は「先生，先生」と頼ってきます。ボランティア精神のある方のほうが向いているのかもしれません。

第5章　帰化申請サポートを業とするには　　151

Q40

専門家

集客・営業はどうすればいいですか？

WEBの活用

　独立開業して間もない先生方は，コネクションがないのが一般的です。その点，近年はWEBなどを活用して集客できるため，まずはホームページで帰化申請についてコンテンツを掲載していくことをお勧めします。WEBを活用すれば，新人でも集客が可能です。

　帰化申請の対象は個人の外国人です。近年は，みなさんWEBで検索し，自分でも色々調べ，知りたいことが詳しく書かれている記事を読みます。ですから記事は1つではいけません。長く，詳しく，多く，記事を書き溜めてください。ターゲット層は全国どこからでもWEB検索できますし，専門家の側でも全国どこからでも受任できます。

　ただ，外国人は文字，特に日本語を読むことがあまり好きではないので，動画なども効果的です。弊所でもYouTubeからの集客が多いです。聞いているだけで情報が入ってくるため，外国人にとっては楽なようです。

　☞　単純接触効果が働くため，動画の中で解説している先生に親しみを持ってもらえる点が嬉しい所です（単純接触効果とは，何度も繰り返し接すると好意や印象が高まるというもの。1968年に米国の心理学者ロバート・ザイアンスが論文にまとめたことで知られるように）。動画で解説するのが苦手という方もいるでしょう。しかし，実際にお客様がいらした際には，お客様を目の前にして説明しないといけませんので，苦手意識を持っている場合ではありません。

　なお，近年たくさんのホームページがWEB上にありますので，オーガニック検索に引っかかってくるのには時間がかかります。それを覚悟の上，コツコツと記事を書き溜めていくしかないです。コネクションがない方が開業するのであれば，そこは努力して継続していきましょう。

　☞　「継続は力なり」とよく言ったものです。HPもそうですが，YouTubeからの集客にも時間がかかりました。しかし，継続することで動画が貯まっていくため，後に資産とな

り，その資産から多くの方がお問合せをしてくるようになります。根性論的な言い方に
なってしまいますが千里の道も一歩からです。

士業同士の繋がり

　士業の方との繋がりを積極的に持つようにすることをお勧めします（もちろ
ん，最初は紹介でのお仕事など来ないのが一般的です。紹介する側にもなってみて
ください。知らない先生を紹介して粗相があった日には，自分の信用が失われる事
態にもなりかねません）。

　帰化申請をお考えの方には，「日本で安定して経営を行いたい」と思う経営
者なども多くいます（もちろん圧倒的に会社員のほうが多いのですが）。そういっ
た経営者の会社の税理顧問をしている税理士や，法務顧問をしている弁護士か
らの紹介も意外に多いです。

　どこでご紹介頂けるか分かりません。積極的に知り合いを作るとよいでしょ
う。ご紹介が3年後，5年後かもしれませんし，直接のご紹介ではないかもし
れません（弁護士の知り合いというパターンもあります）。しかし，自身が帰化申
請サポートをしていることを伝え，記憶の片隅でもいいので覚えてもらうよう
にしましょう。

　　☞　行政書士に多いのですが，せっかく知り合ったのに，「行政書士です」と自己紹介す
　　る方がいます。これでは何をしている人なのか分かりません。この場合，「帰化サポー
　　トをメインにしています」とハッキリと言ったほうがよいです。3年後に「そういえば
　　あの先生，帰化サポートをしているって言っていた」と思い出してもらえることもあり
　　ます。弊所にもそのようなご紹介が多く，昔種まきをしておいてよかったと思うことが
　　多々あります。

クチコミ

　帰化申請というのは特殊な申請で，一度許可が出たら基本的にはその申請者
は外国人ではなくなるため，二度とリピートはしてくれません。最初で最後の
お付き合いになるわけです。そうなると，売上の公式の，「売上＝客数×客単
価×購入頻度」の「購入頻度」が稼げないということになります。しかし，ど

のターゲット層でも同じですが，帰化を考えている方の周りには同じように帰化を考えている方がたくさんいます。そういったコミュニティに入ってお互いに情報交換をしている方もいるからです。

数年帰化サポートを行っていると，帰化申請をスムーズに行った結果，許可が出た場合，許可が出たお客様から友達や親戚をご紹介頂けるケースも多くなります。帰化サポート業務はクチコミで広がりやすい業務と言えるでしょう。反面，クレームを出してしまうと，その噂も広がることを覚悟してください。

親身になってサポートし，丁寧な書類作成を行うことでお客様との信頼関係が築けます。その積み重ねで紹介案件が増えるでしょう。1件1件を丁寧に扱うことが，帰化申請では何より大事なことです。件数が多くなり，複雑な案件が多くなると対応が雑になることもあるので，「初心忘るべからず」で，進捗管理や日程管理はしっかり行うようにしましょう。

ご紹介案件はとても対応しやすいです。理由は，1年以上もの間やり取りしていた申請者の方の友人や親戚なので心理的な安心感があることと，帰化の流れや弊所のやり方等については既に紹介者から聞いているケースが多いため，業務開始後の齟齬があまりないからです。お互い既に信頼関係がある状態でスタートするため，やり取りがスムーズなケースが多いです。

　☞　この他にも集客方法は多々ありますが，コネクションが無い状態で開業された先生方でも取り組める3つの方法をお伝えしました。ご参考になれば幸いです。

Q41
専門家

選ばれる専門家になるにはどうすればいいですか？

専門知識をとことん磨く

　私は開業当初から帰化専門で行政書士業務を行ってきました。外国人から，帰化サポート業務を専門にしている先生が選ばれるのは当然です。相続や建設業や帰化など複数の分野を担当している先生より，帰化専門で業務をしている先生に依頼したいと思うでしょう。

　他の業務も行う先生だったとしても，「帰化サポート専門サイト」を作ることをお勧めします。本気で「専門家」と名乗りたければ，そのサイトにコンテンツを数百個入れていくことになります（コンテンツが多くて，内容も詳しいほどお客様に選ばれます）。それだけのコンテンツを書いていくには相当勉強しなければなりませんし，自身で書いていればお客様が来た際にも説明ができるはずです。専門知識を磨くのにうってつけの方法です。

選ばれる専門家になるには

　選ばれるには，知識だけでは不十分です。外国人の個人のお客様は，自分と相性が合うような先生を探すので，いかに気に入ってもらえるかが重要です。帰化申請をお考えのお客様の多くは，真面目で丁寧な先生を好みます。ルーズな服装ではなく清潔感のある小ぎれいな服装をすることが基本です。

　また，「人は見た目が9割」と言われることがありますが，この「見た目」とは，顔やスタイルなどの容姿だけではありません。話し方，声のトーン，仕草や行動など，全体の雰囲気も含みます。

☞　あえてルーズな格好で個性を出すという先生もいるかもしれませんが，帰化申請を取り扱う専門家としては選ばれにくいと思います。自ら間口を狭くしなくともよいのではないでしょうか。

第5章　帰化申請サポートを業とするには　　155

相手の話を聴く

専門知識や経験は大きな武器ですが，相談者の話に耳を傾ける姿勢も大事です（士業全般に言えることかもしれません）。せっかく印象が良かったのに，実際に会って話してみたら「人の話を全然聞いてくれない」では，失注に繋がります。

まずは相談者の話を最後までじっくり聞きましょう。そして，相手の立場を思慮した回答の仕方をしましょう。「それは無理ですね」というぶっきらぼうな答え方は相手を傷つけます。「お気持ちは分かりますが，現状は○○が満たされていないので」のように，丁寧な回答をします。

もちろん相手は外国人です。曖昧な返事は相手に期待を持たせてしまうので，「難しい」ということはきちんと伝える必要があります。

しかし，明確に伝える必要があるとはいえ，一言目に「無理です」では，取りつく島もありません。相手の話を聞いた上で，相手の立場も意識しつつアドバイスします。そして，「この人になら何でも話せる」「この人なら信頼できる」と思ってもらうことがスタートです。

専門家として主導する

一般的に，帰化申請は一生に一度しか行いません。つまり，進め方を知らないのが一般的です。そのため，専門家側が常にハンドリングしていく必要があります。申請者のほうは基本的に待っている状態なのです。ですから，もし，2週間経っても連絡がないなど，進捗状況が不明な場合は，専門家のほうから進捗状況をヒアリングし，間に合いそうになかったらスケジュールの調整を行ったりする必要があります。こういったケアが，後々強固な信頼感へと繋がります。

☞　当該申請者との関係性ではもちろん，後にその申請者の許可が下りればクチコミが広がります。「頼りになる先生」は選ばれます。こういった地道で丁寧な仕事が，後々評判に繋がります。

Q42 専門家

報酬はどのように設定すればいいですか？

　ここでは，行政書士の報酬についてお話しします。2000年4月に行政書士報酬規定は撤廃され，自由契約制度となってから24年が経過しました。法的には何の制約もないので自由に報酬を設定できますが，相場を知りたい方のために，目安としてご紹介します。

● 相談料

　無料相談を行っていたり，1時間5千円～3万円程度の有料相談としたり，30分まで無料相談としたり，様々な専門家がいます。どんな形態にするのかは自由です。

　弊所では，開業当初は全て無料相談にしていました。当時は，帰化要件を全く満たさず5年後や10年後でないと申請が難しいだろうと思われる方や，自己申請を考えているのだけど分からない所だけ専門家にタダで聞いてしまおうとする方が多く集まってきました。毎日相談に乗って忙しいのに報酬は発生しないという悲惨な状況でした。

　専門家として間違ったことは回答できないため，事前に不明点を調べた状態で面談に臨みます。相談より前に数時間の調査時間を費やす場合もあります。

　結局，弊所では数年前から一定程度の要件を満たした方のみ無料相談としました。売上を立てないと廃業してしまいます。そこで，要件を満たしていて，今すぐ申請したいという意思のある方に限定したのです。

　そして，この相談の段階で要件の再チェックや料金体系の説明，お申込頂いた場合の流れなどを説明しています（申し込むか否かは自由ですので，この面談後にじっくりと考えて頂きます）。

　☞　この方法により，心理的負担や無駄な時間の拘束から解放されました。このやり方が自分には合っていると感じています。もちろん，色んなやり方があるので，ご自身に合った方法を模索してください。

第5章　帰化申請サポートを業とするには　　157

お申込金，着手金

お申込みが決まった場合，お申込金または着手金として総額の何パーセントかを入金させる事務所が多いです。着手金と言わず全額前払いにすることも自由で，全額一括前払いにしている大手法人もあります。

☞ 弊所の場合は，まだ何も書類作成等を行っていない段階でお客様に全額の負担を強いるのは心苦しいため，お申込金として総額の何%かをご入金頂いています。

このお申込金または着手金を設定することはとても大事なことです。着手金を払うことで，損をしたくないので申請者は本気を出します。そして，着手金を頂いた行政書士のほうも本当に申請の意思があるのだと確認ができ本気を出します。

☞ 中には「申込みするので一つだけおしえてください」「もう一つ聞き忘れがあったのでおしえてください」などと，申込みをちらつかせて永遠に質問だけしてくる方もいます。弊所では「着手金のご入金の無い方にはこれ以上無料でお答えできません」と答えています。たいてい，こういった方たちは申し込む気が無いのでそれ以上の質問はしてきません。こちら側としても申込金によって相手方の本気度をみています。

☞ 着手金の相場は，5万円程度の事務所もありますし，総額の半額という事務所もありますが，そういったレンジが近年の相場です。

☞ 日本行政書士連合会のHPには，5年に1度行われる全国的な報酬額統計調査の結果が掲載されています（現時点での最新結果は令和2年度）。会社員などの被雇用者の帰化申請における報酬額で多いのが10万円から20万円未満です（最大値は50万円）。個人事業主や経営者の場合は，20万円から30万円，簡易帰化の場合は15万円から20万円が相場のようです。これらの総額の中から，着手金を設定することになります。

業務報酬，残金

行政書士事務所では，かかった手間や時間に関係なく，1つの案件の単価が決まっているところが多いです。しかし，案件を受任する時には想定できない，工数がかかるケースに当たることも多々あります。

こういった時のために，予め難易度加算を設け，予定していた作業量よりも

多くなった場合にタイムチャージできる体制にしておいたほうがよいでしょう。

☞ 標準的な報酬額が分からない申請者にとっては，悪質な行政書士が不法に料金を加算してきたと勘違いされる可能性があります。加算をする場合は事前に十分な説明を行う必要があるでしょう。

　正直なところ，帰化申請報酬は労力に比べて低いと感じています。新人の行政書士などが採算度外視で安く業務を受任した場合，多くの案件をこなすことは至難の業なので，廃業に追いこまれかねません。帰化申請の場合，多くの案件を一人で抱えるのは大変な労力が要されます。薄利多売ではなく，単価が多少高くとも，全ての業務に目が行き届く程度に案件を絞り，丁寧にきめ細かにサポートすることが大事なのではないでしょうか。

日当

　帰化申請は本人出頭が原則です。しかし，相談時や受付時，1人で臨むのが不安な申請者から，「同行してほしい」と依頼されることがよくあります。少し遠出をしないといけない場合などは，往復に4時間くらいかかり，相談が3時間枠で取られているケースもありますので，ほぼ丸1日拘束されることになります。

　行政書士の日当としては2万5千円から6万円程度に設定している方が多く，幅広いようです。事務所を丸1日空けないといけないということは，その分の仕事が後回しになります。そして新規顧客を獲得できたかもしれないという機会損失もあります。そういった諸々の状況を加味して日当を決めましょう。

　また，交通費は別途頂き，日当には含めません。

実費等

　交通費，通信費，翻訳料等が挙げられます。

第5章　帰化申請サポートを業とするには　159

Q43

専門家

国によって感覚の違いはありますか？

日本語能力が高い外国人が多い

　帰化申請をするには小学校３年生レベルの日本語能力を必要とします。弊所では，帰化申請を希望するお客様とは全員日本語でやり取りをしています。

　理由としては，帰化した後は，例えば，不動産を購入する際のローンの審査や契約締結，お子さんの学校関係の連絡や書類提出等々，弊所とのやり取りよりも難解な手続きを自身で行う必要があります。よって，まずはこの程度のやり取りは日本語で行って頂かなければ日本国籍を付与された後も苦労すると考えているためです。

　しかし，小学校３年生レベルの日本語能力の外国人が，弊所からの指示や契約内容を正確に理解することは果たして可能なのでしょうか。私の所感ですが，帰化を目指している外国人の日本語能力は素晴らしいです。日本語能力検定（JLPT）の一番上のクラスのN１を保有している方がとても多く，特に会話はスムーズで弊所の指示通りに書類を収集できます（N１がどのようなものかと言いますと，大学入試で出題されるレベルの読解問題などが出題されます。日本人でも全問正解することは難しいです）。

曖昧な回答はしない

　いくら日本語能力が高いとはいえ，外国人には「行間を読む」とか「空気を読む」という文化がありません。ですから，曖昧な回答はしないようにしましょう（これは国ごとに違いはありません）。日本人は，「かもしれないですね」「可能性としては無いとは言い切れませんね」のような言い方をすることがありますが，このような言い方は避けた方がよいでしょう。外国人側は，「可能性があるのでトライしてみましょう」と受け取りがちだからです。

　ハッキリと「許可の可能性が低いのであと１年待ちましょう」などと伝えるほうが親切です。

■ 文書に残す

　また，日本の制度や名称を正しく理解していない方が多いため，口頭でのやり取りでは齟齬が生じることがあります。例えば，行政書士側では「産休後はすぐに職場復帰するのですね」と確認したつもりが「育休後に職場復帰するのですね」と解釈されることはよくあります（産休と育休ではかなり違います）。

　こういった齟齬がないよう，口頭で説明したことは確認の意味で後からメール等で文書に残すなど，齟齬が生じないように努力する必要があります。

　☞　以前，産休と育休で齟齬があり，その後のリカバリーに苦労した経験があります。育休中の手当や，家族滞在の在留資格で在留している配偶者のアルバイト代等で生計の安定性を満たすことができ，無事に許可が下りたのですが，要件を満たすよう常にフォローを入れる必要がありました。

■ 地域別の特徴

　ここからは私の経験から，地域別の特徴をご紹介します（その国籍の方が皆さん全て同じ特徴を持っているというわけではないので，以下は私の所感だと思ってお読みください）。

① 中華系

　中華系の方はせっかちな方が多いと感じます。私はこのタイプはとてもウェルカムです。私に対しても自身に対してもせっかちだからです。書類を集めるのも作成した書類の点検もとても素早いです。

　帰化申請は完全予約制です。書類の収集や作成に思っていた以上に時間がかかることはよくあります。こういったタイプのお客様の場合，前倒しで進めることができ，助かります。

　しかし，自己主張や独自の論法で押し切ろうとする方が多いのも特徴です。ビジネスの交渉などのシーンでは重宝される能力かもしれませんが，帰化申請はそうはいきません。

　丁寧な説明を入れないと，後でクレーム等のトラブルになる可能性があります。

第5章　帰化申請サポートを業とするには　　161

例えば，通帳に幾度も多額の出入金記録があるせいで，審査上生計の安定性が満たされないと判断されることもあります。そのことを指摘して「法律を犯していないのに，なぜ私を責めるんだ！」と激昂されたことがあります。帰化要件として生計の安定性という要件があることを冷静に丁寧に説明するなど，相手との対話が重要になってきます。

② 東南アジア系

　東南アジア系の方は電話を好む方が多いです。メールを読むより直接聞いた方が早いという文化なのでしょう。

　ただ，帰化申請では文字情報を残すようにしたほうがよいです。後から，「言った」「言わない」というようなトラブルを避けるためです。

　悪気なく，審査に悪影響が及ぶような面談時に言い忘れたことを電話で伝えてくる方もいます。例えば副業の収入を確定申告していなかったことを後から言ってきたりするパターンです。そうなると，そもそも勤務先の会社では副業が許されているのか，その手続きは届出をすればいいのか許可を取らないといけないのかによって対応が変わってきます。また，入管から資格外活動許可を取らないといけない副業だったのかを確認することも必要です。さらには修正申告をして不足していた税金分を収めてもらうことも必要です。

　☞　後から都合の悪いことを言われても「後出しはずるいよ」とは言えません。もちろん契約書には解除条件を入れているので解除することも可能なのですが，個人との契約のため，実務上はそんなに簡単に専門家側から解除をすることはできません。ですから，どうやったらリカバリーできるかを説明し，そのリカバリー状況も逐一確認したりします。

　☞　電話好きな特徴があることを最初から理解して，電話メインで対応している先生もいます。私自身は口頭でのやり取りは証拠が残らないので電話は原則不可としています。

③ 中東系

　中東系の方は，ディスカウントを要求してくる方もいます。そういったお国柄なのでしょう（安くしてくれたらラッキーくらいに思っているのかもしれません）。全員が要求するわけではありませんが，応じることができない場合はハッキリと断りましょう。一度ディスカウントをしてしまうと，そういった情報は

広まってしまいます。「なぜあの人にはディスカウントをしたのに、私にはしてくれないんだ」というクレームにも繋がりかねません。

④ 欧米系，南米系

　欧米系，南米系の方は比較的のんびりしている方が多いです。おおらかなのはよいのですが，帰化申請は完全予約制ですのでお尻が決まっています。最初の段階からスケジュール感をきちんと説明し，専門家側から指示されたことは早めにこなすように伝える必要があります。マイルストーンを作ったり，期限を定めるようにして，こまめに進捗管理をするようにしましょう。

　「忙しくてできませんでした」と言う方が多いので，「忙しいというのは理由にならない」ことを理解してもらう必要があります。帰化申請は，専門家だけが頑張っても完成する業務ではありません。二人三脚で歩んでいることを適宜お伝えするとよいでしょう。

Q44

専門家

お客様との契約はどのように締結していますか？

■ お互いの義務や権利範囲を明確にするため契約書は不可欠

決まったやり方はありません。申込書と免責事項だけが書かれた書面にサインをするだけの事務所もあるようです。書面でもデジタルでもよいので，それぞれの事務所においてお客側との申込と事務所側の承諾が確認できるような形式の契約書があればよいと思います。

弊所ではお申込の際に書面で契約書を交わします。そして，契約の際に契約書の内容を説明します。

日本人同士で取引をする際にも同じようなことが言えますが，お互いの義務や権利範囲を明確にしなかったがために紛争になることがあります。

ましてや外国人相手なので，文化や考え方が異なります。いくら帰化をしようと思っている外国人または帰化許可後の元外国人であろうと，日本特有の行間を読む考え方を押し付けることはできません。ですから異文化の方を相手にする際の注意点は心得ておく必要があります。

特に，「どこまでサポートをするのか」は明文化しておくべきです。どこまでもやってもらえるのだと勘違いされた場合はトラブルの元です。帰化申請の際には翻訳は誰が行うのかなどは説明必須です。料金に翻訳費用が含まれているのと含まれていないのとでは大きな差です。

■ 契約時に説明すべきこと

以下は，私が行っている契約時の重要事項説明の内容です。

☞ 説明のルールはないので自由ですが，帰化に限らず，外国人をお客様にする場合には，漏れがないように重要事項を口頭で説明するほうがよいでしょう。

① プランについて

多くの事務所では料金体系が定められていると思います。1つしかプランが

ない事務所は少ないのではないでしょうか。まずはプランの説明をします。プランが異なれば業務範囲も異なってきます。このプランには何が含まれていて，何が含まれていないのかを分かりやすく説明するようにしましょう。

帰化申請で特に重要になってくるのは，前述のとおり翻訳代金が含まれているのかどうかです。国によって提出する本国書類が異なっています。収集する書類が多ければ多いほど翻訳する量も多いということです。過去，私のお客様の中に翻訳代だけで15万円かかった方がいました。これがプランの料金に含まれているかいないかは重要事項です。

その他にも，法務局への同行費用が含まれているのか，プラン以外にもオプションは用意されているのか，難易度が加算されるケースはどんな場合なのかなども契約前に説明する必要があるでしょう。

②　報酬の支払いタイミング

総額を計算し，それをどのタイミングで支払うのかはとても重要です。着手金，報酬，残金などを分けて払う契約内容にしていたり，全額一括で払う契約内容にしていたり，事務所によってバラバラです。

このタイミングの認識がずれていると紛争になり，泥沼の闘いになることもあります。ですから契約時に明確に伝えないといけませんし，もちろん契約書に明記しておく必要があります。

帰化申請サポートの特徴として，許可が出るのは受付から１〜１年半後となります。そして，許可の連絡は申請者本人にしか来ません。在留資格の申請などであれば申請取次ぎをした行政書士に来ますので，許可が出たタイミングを知らないことはありません。しかし，帰化申請は違います。連絡は本人にしか来ないので，もし仮に成功報酬などを契約で謳った日には報酬を受け損ねる可能性が高いのです（専門家に許可が出たことを教えなければバレないわけですから）。

もちろん官報に帰化許可者は掲載されますが，月に数回行われる許可者の告示を申請者分全員分につき常に探し続けないといけないのは現実的ではありません。WEB版であっても氏名は検索できないようになっています。もちろん紙媒体は検索機能がありません。ですから探す際は目視で行うことになります。よって，報酬は申請書類が完成した時に頂くようにしたほうがよいでしょう。

第 5 章　帰化申請サポートを業とするには　　165

書類受付の前ということです。

☞ もちろん，決まりなどありませんので，成功報酬として，全員を善意のお客様と考え，許可が出たら成功報酬を頂くという支払いタイミングにすることも自由です。

　いずれにしても，着手金やお申込金の支払い時期と，報酬や残金の支払い時期をきちんと理解してもらえるよう丁寧に説明しましょう。

③　免責事項，解除条件等

　専門家側が一生懸命サポートをしても，申請者自身が虚偽内容を話していたり，過去の過ちを話していなかったりした場合，そもそも帰化許可の可能性を探る段階から誤りが生じていたことになります。面談の際には過去の事実や懸念点を正直に話してもらわないと，正確な判断ができないことをお伝えしましょう。

　そうは言っても後から後から小出しに「言い忘れていたんですけど…」と報告してくる方もいます。その場合は，「帰化サポートを続けるけれども，その事実は聞いていなかったので当方では責任を持てません」ということを明記しておくか，サポートを継続することが難しい事実が発生した場合で，是正期間を設けて催告したにも関わらず是正できなった場合は契約を解除することができるようにしておくほうがよいでしょう。自分の身は自分で守るしかありません。

　しかし，実際のところ，弊所では開業以来，契約を解除したことはありません。結局は一緒に是正の道を探し，1～2年かけて直してもらい，その後申請したりしています。本人の意思に関係なく，会社の都合で無職になってしまい，その後の就職が決まらず，生計が不安定になった場合などは立て直しに時間がかかります。

　ただ，この免責事項や解除条件が入っていると，後から契約そのものをないがしろにするような事態になることを防止でき，契約したからにはお互い信義誠実に履行するようになります。

☞ 他にも説明事項は多々ありますが，少なくとも上記3点はきちんと説明し，契約書にも明記することをお勧めします。

第6章

その他

その他，弊所でよくある質問について解説します。

Q45

申請者 専門家

収集できない書類はどうすればいいですか？

原則としてはすべて収集する

必要書類として列挙された全ての書類が整っていなければ，原則帰化受付をしてもらえません。特に，国籍を証する本国官憲が発給した書類，および権限を有する官憲が発給した身分関係を証する書類がなければ，受付をしてもらえることはありません。帰化手続きでは，これらの本国書類を元に戸籍の創設を行います。民間の企業や本国の弁護士が作成した書類は公的証明力がないため，そのような書類を元に戸籍が創設されることはありません（本国の役所が発給した出生証明書や婚姻証明書，日本国内だと自治体が発行した戸籍謄本などが身分関係を証する官憲発行書類となります）。

例外が認められる場合

帰化申請において，書類が揃わない場合は，申請ができないのでしょうか。実は，国や個人の事情により，「真にやむを得ない事由」があり，それが「申請者本人の責めに帰することができない場合」には，その書類を提出することなく申請が可能です。

☞ ちなみに，上記事由には，本国に親族がおらず，自身が帰国して取得せざるを得ないが，コロナ禍などの理由により入国制限を受けたため入国できない場合などは含まれません。入国制限が解除された際には取得可能だからです。実際，コロナ禍においては多くの方が本国書類を取得できない状況にありました。法務局では一律に「取得できるまで待ってください。取得できた際に受付を致します。」という対応でした。

前述の「真にやむを得ない事由」とは，申請人がいくら頑張ったところでそもそも発給不可の書類という意味です。例えば，国が戦闘状態のため国籍証明書を発給できない方や，かなり昔の時代の書類であり本国の役所に記録がないため書類が発給できない方や，一生に一度しか発給してもらえない兄弟姉妹の

出生証明書を紛失してしまい再発行を依頼したが既に当該兄弟姉妹が他界しているため再発行は不可であると言われた方などです。

　また，無国籍の方の場合は証明すべき国籍自体ありませんので国籍証明書を発給してもらうことは不可能です。このような事情がある場合は，生年月日，婚姻日，国籍等が他の官憲書類で証明できる場合は，それらを代替書類として使用してもらえます。そういった事項が他の書類から確認できない場合は，「申述書」という形式で父母や兄弟姉妹などの親族から身分に関する認定書類を作成してもらったり，本国の弁護士から「宣誓供述書」という形式で出生等に関する事実が間違いないことを書簡に記してもらったりすることで，受付をしてもらえることがあります。

　「どこまでの書類が必要とされるのか」また「弁護士の宣誓供述書で足りるのか」等は個別のケースで判断されます。事前に法務局に予約を取って相談に行く必要があります（多くのお役所がそうですが，専門家のほうで自己判断して勝手にその書類を用意して受付をしてもらうのは危険な場合があります。まずは相談に行って職員にお伺いを立て，事前にすり合わせをした上で，本番の受付日に当該書類を提出したほうが確実です）。

　担当によって多少見解が異なる場合があるため，事前のすり合わせは大事です。法務局によっても多少やり方は異なりますが，最初に担当する職員の方が，2回目も担当となります。つまり，1回目に確認しておけば2回目や受付日にはスムーズに申請が進むでしょう。

　しかしながら，審査権限を有する審査官が担当に付いた際には，審査官は違う見解を持っている可能性もあります。審査官から追加で別の書類や上申書，事情書，その疎明資料を出すように指示されることもあります。その指示には従うしかありません（従わなければ審査がストップしてしまいます）。

　ただし，「真にやむを得ない事由」があり，「申請者本人に帰責事由がない場合」は，書類が提出できないことをもって申請受付を拒否されるわけではなく，その代わりにどんな書類を提出すればよいのか代替書類等を指示してもらえます。これは大変ありがたいことだと思います。

　☞　両親が難民として日本に逃れて認定を受けた後に，日本で生まれ育った方の帰化申請
　　　サポートをしたことがあります。このケースでは，ほとんどの本国書類が提出できませ
　　　んでした（後述の「特殊事例」の章で詳しくご紹介いたします。もちろん，何の書類も

第6章　その他　　169

なしに簡単に帰化許可が下りたわけではありません）。本人には何の責めもなく，「本国
書類の官憲書類が出せないのであれば帰化できません」というのはあまりに酷です。帰
化申請ではそういった事情をお持ちの方に配慮しますので，真にやむを得ない事由があ
り，申請者本人に帰責事由がない場合でも，本国書類などが取得できないからといって
帰化申請を諦めないでください。

Q46

申請者　専門家

受付当日は何をするのですか？

予約必須

　帰化申請書類を無事に全て整え，いよいよ法務局に申請書類を提出する「受付当日」。どんなことをするのかについてご紹介していきます。

　帰化申請に関しては，原則完全予約制となっています。

　首都圏や大都市の法務局では，受付日は２～３時間の枠が確保されます。数か月先の受付が最短となるケースも多いです（東京法務局本局では2024年時点では受付は５か月先まで予約でいっぱいの状態です。受付は，平日の日中の時間帯しか行っていません。土日祝日はお休みです）。

　　☞もちろん，ふらっと訪れてみたら，たまたまキャンセルが出たり，地方の法務局で空いている支局だったので予約なしで受付をしてくれたというレアケースもあります。

本人が必ず出頭

　注意しなければならない点は，相談の時と違い，書類の受付日には申請者本人が必ず出頭する必要があるということです。法務局によっては，相談時は行政書士などの専門家だけが相談に行くことを認めている所もありますし，家族同時申請（例えば，本人，その配偶者，その子どものケースなど）の場合であっても相談時は本人のみが相談に行けばよいとしている所もあります。

　しかし，受付当日は申請者本人が必ず出頭する必要があるため，家族全員が出頭しなければならないのです（ただし，帰化しようとする者が15歳未満の時は親権者，後見人などの法定代理人が法務局または地方法務局に出頭して書類を提出すればよい）。

受付当日の流れ

　それでは受付当日の流れをご説明します。

第6章　その他　　171

予約した時間の少し前に法務局に行き，受付票を記入します。これはどこの法務局または地方法務局でもそうですが，毎回相談のたびに氏名や住所，生年月日などの情報を記入し，受付ボックスなどに入れておきます。時間になったら担当の職員の方から名前が呼ばれます。

個室で受付をすることになるため，職員と共に個室に入ります（多くの法務局または地方法務局では，この受付当日，書類確認の間，行政書士等の専門家が個室に同席することを許してくれます）。

個室で行われることは，法務局によって異なります。

東京法務局本局での受付の方法をご紹介しますと，提出した正本と副本に抜け漏れがなく全て整っているか，本国書類に間違いはないか等を１枚１枚順番に確認していきます。そして，例えば，パスポートなどの原本が１部しか存在していない書類を法務局に提出することはできないため，そのコピーが原本と相違ないか全てのページをめくって確認します。

☞　原本照合という作業です。この作業で問題ないとされた場合は，そのコピーに「原本照合」の印鑑が押されます。このように１つ１つの書類が丁寧に確認されます。

書類が少ない方の場合は30分程度で終了することもありますし，２時間程度かかる方もいます。

東京法務局本局では，受付当日に審査官が書類確認をするのではなく，職員の方が確認します。職員１名が確認し，全ての書類につき問題ないと判断された場合は「受付をします」と言われます。

ちなみに，他の法務局では，最初に職員が全ての書類を点検し，その後入れ代わりで審査官が入ってきて再度同じ書類を点検する所もあります。または，最初から審査官のみが１回書類をチェックするという法務局もあります。

どのようなやり方であれ，書類が整っていることが確認できれば受付をしてもらえます。

■　受付≠許可

注意してほしいのは，あくまで「書類を受付した」ということで，単に書類が形式的に整っていると判断されたに過ぎません。実態審査はこれから開始と

なります。受付をされたから必ず許可が出るというわけではありません。

申請者や専門家は何をする？

個室で職員の方が書類を確認している間，申請者や専門家は基本的に黙って見守るしかありません。

時々職員から質問があります。身分関係や経歴などの質問には，原則申請者自身に答えてもらい，作成書類についての質問には専門家が応じます（なぜ身分関係や経歴などを申請者自身に答えてもらうのかと言いますと，この受付当日も，日本語での会話が問題ないかチェックされているからです）。

☞ 流暢な日本語である必要はありません。質問に対して的を射た答えができれば問題ないのです。まずは「はい」，「いいえ」を答え，その後に簡単な説明ができれば大丈夫です。

受付の際，申請者自身の自署にて正本と副本に受付日付と署名をし，さらに，宣誓書を声に出して読み，その書類にも署名して完了となります。

東京法務局本局では，その後に審査官名が発表され，今後の流れや注意事項を説明されて終了となります。

Q47 申請した内容に変更事項が生じたらどうすればいいですか？

申請者　専門家

◼ 報告すべき変更事項

　帰化申請書類一式を受付してもらった場合，審査官は当該書類にて審査を進めることになります。その後，以下のような変更事項があった場合は，提出済みの書類と齟齬が生じるので，必ず審査官に電話で変更事項の報告をしないといけません。報告をすることで，審査官から書類の追加提出について指示があります（書類は原則郵送で送ることになります）。もちろん，変更の内容によっては追加提出書類が不要とされるケースもありますが，必ず連絡を入れないといけません。書類提出の要否は審査官のほうで判断します。

① 変更事項の例

❶ 住所又は連絡先が変わったとき。
　※連絡先として記載した「携帯電話」の番号が変わった場合も必ず連絡してください。
❷ 婚姻・離婚・出生・認知・死亡・養子縁組・離縁など身分関係に変動があったとき。
❸ 在留資格や在留期限が変わったとき。
❹ 更新すべき書類を更新したとき。
　※帰化申請中であってもパスポートは更新しなければなりません。在留カードや運転免許証なども更新後に必ず連絡が必要です。
❺ 日本からの出国予定（再入国予定を含む）が生じたとき及び再入国したとき。
❻ 法律に違反する行為をしたとき（交通違反を含む）。
❼ 仕事関係（勤務先等）が変わったとき。
❽ 帰化後の本籍・氏名を変更しようとするとき。
❾ その他法務局へ連絡する必要が生じたとき（新たな免許資格の取得等があったとき等）。

② 勤務先の変更

　変更事項の中で注意しなければならないのは，❼の勤務先に関する事項です。弊所のお客様には口を酸っぱくして言いますが，給与収入などで生計の安定性

174

を満たしている方（会社員等）に関しては，帰化審査期間中は転職をしないで頂きたいです。しかし，近年は求人の需要が多いことや，職場環境に馴染めずに職を転々とする外国人が多いため，審査期間中でも気軽に転職をする申請者もいます。

社会人経験の中でほとんど転職をしたことがない方であれば問題になりませんが，毎年のように何度も転職をしている場合は，「日本の職場環境に馴染めない人だ」と判断される可能性があり，なおかつ，生計の安定性を満たしていないと判断される可能性も高くなります。

しかしやむを得ない事情等もありますので，もし，転職をした場合には，すぐに審査官に報告しましょう。法務局や審査官によって異なりますが，転職後生計の安定性が確認できるまでの数か月間は審査が停止することもあります。

また，前職退職後から転職をするまでの期間が途切れなく繋がっていればよいですが，1日でも無職の期間が生じるようであれば，この1日のために国民健康保険と国民年金に加入し，保険料を払わなければ帰化の許可が出ませんのでご注意ください。

なお，4，5年継続して勤務した後で，ヘッドハンティングなどの理由で前職よりも年俸が上がり，安定した企業に転職をした場合にはそこまで気にする必要がないかもしれません。しかし，そういった方であっても，数か月継続して勤務し，実際に安定した給与が入ってきているかを観察されますので，審査は一時停止します。

■ 審査期間中の留意点

ちなみに，審査期間中も，❺日本からの出国予定（再入国予定を含む）が生じたとき及び再入国したときと，❻法律に違反する行為をしたとき（交通違反を含む）の帰化要件は満たし続けなければなりません。

もし仮に，審査期間中，自動車を運転していて駐車違反などの反則をしてしまい，そのせいで過去の反則と合計して，法務局のほうで「素行が悪い」と判断する回数に達してしまった場合は，その反則をした時点で不許可が決定してしまいます。

海外渡航も同様です。審査期間中に海外に渡航することは可能です。しかし，

第6章　その他　175

ほとんど日本を基盤にして生活していない（海外渡航の日数が多すぎる）と判断された場合は，その時点で不許可が決定してしまいます。

☞ 前述の事項以外でも，懸念事項が発生した場合は，すぐに審査官に連絡したほうがよいでしょう。勝手な自己判断は危険です。「本来報告すべき事項だったにも関わらず報告しなかった」ということになれば，不許可原因にもなります。

☞ 交通違反などの審査に不利な事項が発生した場合に，ためらって迅速に報告をしなければ，審査に悪影響を及ぼします。審査官は警察に照会をかけるので，交通違反等はいずれ発覚します。

Q48

申請者　専門家

帰化後の氏名を変更したい場合，どうすればいいですか？

● 申請時には氏名を決めておく

　原則として，帰化後の氏名は，申請時に提出する「帰化許可申請書」の「帰化後の氏名」という欄に記載します（Q30の「帰化許可申請書」サンプルをご参照ください）。つまり，申請時には帰化後の氏名を決めておかないといけません。

● 決め方は自由

　帰化後の氏名をどうするかについては多くの方が悩みます。現在の氏名と全く別のものにしようと思っている方などは，漢字にもこだわりを持たれる方も多いです。例えば，「吉沢」と「吉澤」など，見た目や画数にこだわる方もいます。

　名前の付け方にはルールはなく，憧れの俳優と同じ氏名にすることも可能です。日本のアニメは世界中で人気で，「アニメの主人公と同じ苗字を付けたい」と思う申請者も最近増えてきました。

　使用できる文字に関しては，2012年から審査基準が改訂され，氏名の内の「氏」については「名」よりも広い基準で付けられるようになっています。「名」は原則として，常用漢字表，戸籍法施行規則別表第二に掲げる漢字及びひらがな又はカタカナ以外は使用できないとなっていますが，「氏」に関しては，その他の正しい日本文字も使用することができるとされています。つまり，アルファベット以外であれば，使用できる文字が広く許容されるようになったということです。上記の「戸籍法施行規則別表第二」は，常用漢字以外でも人名として使用可能な文字の一覧です。こちらに記載されている文字を含めるとかなりの自由度があると思います。

　☞　ちなみに，上述の「その他の正しい日本文字」ですが，「氏」に関し，漢字を元々使っている中国，韓国，台湾の方たちに配慮して追加されたものだと思慮します。

　　帰化許可前に本国において使用してきた「氏」は，相当の年齢に達している場合，卒

第6章　その他　　177

業証書，運転免許証，銀行口座，役所での公的書類，業務上の「姓」等として長く使用してきたことになります。このような場合，日本の社会に当該「氏」が広く通用していることを証明することができるときは，簡体字，繁体字などではなく，日本文字としての漢字を用いるときに限り，制限外の文字を用いて差し支えないということです（例としては，姜さん，崔さん，趙さん，など。趙さんは「趙」さんとして日本語表記に直す必要があります）。

■ 氏名はできる限り変更しない

多くの方が真剣に悩んで付ける氏名ですが，一度つけたら変えられないのでしょうか。Q47にも挙げたのですが，「帰化審査の結果が出るまでの間」であればいつでも変更可能です（帰化審査は書類受付後，1〜1年半かかりますのでその間であればいつでも変更可能というわけです）。

変更を希望する場合は，審査官に直接電話をして変更の意思を伝えることになります。ただし，法務局によっては，煩雑な手続きが増えるため，「なるべく変えないように」と言われることもあります。

また，審査が終了するようなタイミング（1年または1年半経過後）に変更の意思を伝えた場合は，法務省内部での事務手続きや戸籍の編製に関わってくるため本来帰化審査が終了するであろう時期から更に1〜2か月審査が伸びます。

☞ 私の所感ですが，審査期中に何度も氏名変更希望の電話をかけるのは審査官の心証を悪くするような気がしています。よって，私の個人的な見解ですが，弊所のお客様には「審査期間中はいつでも変更可能とはいえ，審査官の心証が悪くならないよう，変えるのであれば1回きり，それも，面接の時に審査官と会った際に直接話すのがいいでしょう」とお勧めしています。

☞ 申請書類を無事に受付してもらってから（現在，東京法務局本局だと5〜6か月後），面接が行われます。東京以外の法務局であれば3か月以内に面接を実施されることが多いです。ですから，それまでに変更すべきか否か検討しておいたほうがよいでしょう。できれば，なぜ氏名を変えたいと思ったのか，審査官に理由なども簡単に伝えるほうが印象がよいでしょう。

帰化許可後の変更は容易でない

　余談ですが，帰化許可後は日本人になります。つまり，氏名変更が容易ではなくなります。家庭裁判所に申し出て，審判が確定しないと変更できません。そして，改名申し立てをしたからといっても必ずしも認められるとは限りません。

　「氏」の変更のためには「やむを得ない事由」（戸籍法107条）がないと改名できず，「名」の変更には「正当な事由」（戸籍法107条の２）が必要とされます。

　氏の変更のための「やむを得ない事由」とは以下のような場合です。

・奇妙な氏である

・難しくて正確に読まれない

・通称として永年使用した

　ちなみに，名の変更のほうが氏の変更よりも難易度が高く，「正当な事由」と認められるためのハードルが高いです。「姓名判断等占いを理由とする場合」「犯罪歴等を隠すため」「現在の名前が精神的に苦痛なため」「親が付けた名前が嫌なため」などのような理由では到底認められないでしょう。

　以下の理由の場合は，認められる可能性があるのではないでしょうか。

・性同一性障害を理由に変更

・難しくて正確に読まれない

・同姓同名者がいて不便である

　改名の際には，改名の動機の正当性，改名の必要性，改名による社会的影響を総合考慮の上，許可・不許可を決定します。

　　☞　まとめると，帰化許可が下りた後の氏名変更は家庭裁判所の審判で決定されるため，帰化申請をお考えの方は申請前からじっくりと検討しておくことをお勧めします。そして，帰化申請書類受付時までに決めておきましょう。しかし，じっくりと検討していたにも関わらず，受付後に変更したいと思った場合は，審査官との面接時に変更の希望を申し出るようにしましょう。

第6章　その他　　179

Q49

申請者　専門家

許可・不許可の通知はどのように届くのですか？

■ 許可の場合

Q50でも解説しますが，帰化許可者は官報に氏名や住所が掲載されます。

一般的には，官報掲載後，法務局の審査官から電話で直接申請者に対して許可された旨の連絡があります。許可された者には「帰化者の身分証明書」が交付されるので，指定された日時に法務局に直接取りに行ったり，書類を自宅宛てに郵送してもらったりします（これは担当した審査官または各法務局のやり方によって異なります）。

☞　「官報」は，明治16年に太政官文書局から創刊されました。国としての作用に関わる事柄の公報および公告としての役割を果たしています。現在では，内閣府が行政機関の休日を除き毎日発行しています。また，国立印刷局では，官報の編集，印刷及びインターネット配信を行っていますので，紙媒体で購入しなくとも，官報情報（本紙，号外，政府調達等）は直近90日間に関してはインターネットで無料閲覧可能です。

☞　2019年12月初旬に中国の武漢市で発生した新型コロナウィルス感染症の影響で，2020年，2021年に許可が出た方に対しては，全国的に書類が郵送されていました。現在は直接交付されるか郵送されるかは審査官や法務局次第です。

「帰化者の身分証明書」の1ページ目には，帰化が許可された年月日，帰化したことを証明する文言が書かれています。

そして，2ページ目以降に戸籍編製のための必要事項が書かれています。2ページ目以降に書かれた内容で戸籍が作られるので，これから使用する氏名，生年月日，戸籍の本籍地などの記載事項に間違いがないかしっかりと確認するようにしましょう。

許可者に対しては，帰化者の身分証明書が突然郵送されることはなく，審査官から連絡が来ると認識してよいでしょう。案件を多く抱えている審査官もいるため，連絡が来るタイミングは審査官によってケースバイケースです（多くの方が官報に掲載されてから2週間以内に連絡をもらっています。許可されたから

には必ず連絡が来るので，官報に許可が掲載されたことを自身で確認してから1週間経っても審査官から連絡が来ないからといって心配する必要はありません）。

不許可の場合

残念ながら不許可になった方には，法務大臣より「不許可通知書」が郵送されます（親切にも事前に不許可通知書が郵送されることを電話でおしえてくれる審査官もいます）。

審査官は原則として不許可理由をおしえる義務はなく，不許可通知書を郵送すれば足ります。しかし，わざわざ事前に電話をしてくれる親切な審査官であれば，不許可理由のヒントをおしえてくれる可能性もゼロではありません。期待してはいけませんが，何が原因なのか聞いてみてもよいでしょう。

☞ 運よく答えてもらえたとしても「素行および生活態度を暫く観察する必要があります」「生計要件を暫く観察する必要があります」と答えてもらえる程度でしょう。しかし，それでも再申請する際のヒントにはなるので，回答頂けた場合はラッキーです。

数日後，自宅に不許可通知が届きます。そこには一切不許可理由はなく，「いつ付で不許可が決定したのか」「この処分の取り消しの訴えを提起する場合の期間」などが書かれている程度です。

自己申請された方に多いのですが，「自分には全く非がなく，帰化の不許可になるような理由が見当たらない」と思っていたのに，「ある日突然不許可通知が自宅に届いた」という方がいます。「申請書類も自分で作って受け付けてもらったし，面接も問題なく進んだのに，なぜ自分が不許可をもらわないといけないんだ」と呆然となった方から，弊所にご相談を頂くことがあります。

私が申請時から関わったわけではないため，明確な不許可理由を探ることは難しいのですが，そもそも提出した書類のコピーすら持っていなかったりします。そのため，当時の資料がなく，相談者が1年以上前のことを思い出しながら口頭で話す内容から不許可理由を探ることになります。

しかも，たいていの方が面接で何を聞かれたのかを覚えていません。こちらも必死で「●●については質問されましたか」などと，手探りで質問するしかありません。

第6章　その他　　181

☞ 不許可通知は想像以上にメンタルに響きます。ショックで暫く立ち直れない方もいらっしゃいます。例えば，一般的に「素行が悪い」とされる事項と，帰化審査で「素行が悪い」とされる要件は異なっています。不許可通知が突然送られてきて，再申請の目処も立たなくなるような事態に陥る前に，事前に専門家にサポートを依頼して万全な体制で臨むことをお勧めします。

Q50

申請者　専門家

許可・不許可後の手続きについておしえてください

■ 許可後の手続き

① 官報掲載日＝効力発生日

国籍法10条2項に定めがあるとおり，帰化の効力発生日は「官報に氏名，住所，生年月日が告示された日」となります。つまり，官報に掲載された日から日本人となります（「官報」という日本政府の機関紙についてはQ49）。

法律上は官報に告示された日から日本国籍を取得したことになりますが，実際のところ，告示日の時点ではまだ戸籍が編製されていないので，公的に日本国籍を取得したことを証明できる書類はない状態です。

② 戸籍の編製のための届出

法律上は日本国籍保持者となっていても，手続きがまだ済んでいません。法務局の審査官から「帰化者の身分証明書」が交付されたら，早めにお住いの市区町村役場の戸籍課で戸籍の編製のための届出を行いましょう（届出を行う際は，「届出書」に「帰化者の身分証明書」を添付します。届出は帰化の告示の日から1か月以内に行わなければなりません）。

なお，1点注意点があります。もし同時に配偶者の同時に帰化の届出をする場合，または日本人配偶者がいる場合等，配偶者の欄に記入する必要がある方は，当該配偶者の捺印も必要となります。この欄に捺印がないと受付をしてもらえません。

もし仮に新しい苗字の印鑑を既にお持ちの場合は，その印鑑を押して頂いて結構ですし，まだ作成していない場合は，新しい氏名の横にカッコ書きで従前の氏名を書き，従前使用していた印鑑を押しても問題ありません。届出書の記入方法等については，戸籍課の窓口で直接聞いたほうがよいでしょう。

③ 在留カードの返納

帰化後の手続きで一番最初にやって頂きたいことは，実は入管に在留カード

第6章　その他　183

を返納することです。在留カードまたは特別永住者証明書を所持する外国人の方が中長期在留者または特別永住者でなくなったときは，「失効した日から14日以内」に入管に在留カード等を返納しなければならないことになっています。まだ戸籍が編製される前に行うことになりますのでご注意ください。

　返納方法は，住居地を管轄する地方出入国在留管理官署に直接持参するか，返納理由を証する文書を添付した上，返納先に郵送して返納することになります。期限内に返納しないと罰金に処せられることがあります。

〒135−0064
東京都江東区青海２−７−11
東京港湾合同庁舎９階　東京出入国在留管理局おだいば分室あて

※ 封筒の表に「在留カード等返納」と表記

　まずは②③の手続きを行ってください。この２点は手続き必須となりますので必ず行わないといけません。

④　戸籍編製後の手続き

　以下は，戸籍が編製された後に行う手続きになります。ご参考にしてください。

　戸籍課で帰化の届出を行った場合，１週間から10日ほどで戸籍が編製され戸籍謄本が取得可能となります。現在お住いの住所を本籍地とする場合は編製が早く済みますが，他の住所地を本籍地とする場合は完了するまでに時間がかかることがあります。

　また，住民票に関しては帰化の届出をした即日に発行してもらえるでしょう。こちらは帰化の届出をすることで市区町村長の職権記載によって作成されるので，住民票作成のための申請などを個別に行う必要はありません。即日に住民票を発行してもらったら，その後すぐに運転免許センター等に向かい，運転免許証の氏名本籍変更をすることができます。

　戸籍が編製された以降は，銀行やクレジットカード会社，公的・民間の保険，年金手帳等の名義変更を行えるようになります。その他，法人登記や不動産登

記の名義人変更も行う必要があるでしょう。

⑤　パスポートはいつもらえる？

　帰化申請者が欲しいと願う日本のパスポートは，戸籍が編製された後に申請可能となります。パスポートは基本的に住民登録のある都道府県での申請となります。例外として居住している進学先・勤務先等の都道府県でも申請することができます。

　パスポートの申請に必要な一般的な書類は以下のとおりです。

1．一般旅券発給申請書
2．戸籍謄本（申請日前6か月以内に発行されたもの）
3．証明写真（規格を満たすもの）
4．本人確認のための書類（1点または2点）
5．住民票の写し（申請日前6か月以内に発行されたもの）

　詳細は申請する都道府県のパスポートセンターにお問合せください。

帰化後に行う手続きまとめ

必須手続き
- ☐ 在留カードまたは特別永住者証明書返納（告示後2週間以内）
- ☐ 帰化届の提出（告示後1か月以内）

その他各種，本籍地や名義変更の手続き
- ☐ マイナンバーカード
- ☐ 運転免許証
- ☐ 公的保険・公的年金
- ☐ 厚生年金保険・健康保険（社会保険）
- ☐ 銀行口座
- ☐ クレジットカード
- ☐ 携帯電話
- ☐ 法人・不動産登記
- ☐ 医師・看護師・営業許可証等
- ☐ 水道光熱費

※なお，国籍喪失の届出を日本国籍取得後に行わないといけない国籍だった方は，駐日在外公館で速やかに行うようにしましょう。

第6章　その他　　185

■ 不許可後の手続き

① 再申請は不許可原因を解消してから

　残念ながら不許可になった方には「不許可通知書」が届きます。その通知書には不許可理由は一切書かれていません。不許可原因が解消されないまま再申請を行っても，許可の可能性は低いでしょう。どんな理由で不許可になったのかを検証し，その不許可原因を解消させた後に再申請を行う必要があります。

　罰金刑を受けたことがある方であれば，その内容や金額にもよりますが，罰金を払ってから3年以上経過していることが相当のケースもあれば，法人税絡みですと，重加算税を払ってから2～3年経過していることが相当のケースもあります。

　しかし，多くのケースで言えることですが，不許可原因が解消された後も，数年間など一定程度の期間を置き，その間に同じようなことを繰り返していないことが必要です。

　☞　殺人や強盗などの凶悪犯罪を犯した場合は今後何度再申請しても許可が出る可能性はほぼ無いと言ってよいでしょう。経過観察期間などは与えられません。その他，麻薬，脱税，窃盗，売買春，風俗営業法違反，入管法違反などを繰り返した場合なども許可の可能性は著しく低いでしょう。

② 経営者特有の注意点

　「自己申請を何度かしているが一向に許可が出ない」という経営者が弊所に相談に来られ，話を伺うと，経営する法人が社会保険に加入していないというようなことがあります。これは明らかな法律違反です。その上，そういう方に限って，銀行の振込手数料がもったいないという理由でいまだに現金で従業員への給与の支払いを行っていたりします（こういったケースの場合も，従業員に実際に給与が支払われたのか記録が無く，審査官は不信感を抱きます）。

　☞　社会保険未加入と通帳に記録が残らない形式の現金手渡しはセットで行われていることが多いです。このように，健全な経営を行っていないことも不許可理由となり得ます。そして，改善したからといってすぐに許可が出ることはないでしょう。本当にその健全な経営を継続しているか数年は経過観察されます。

③ 専門家の言葉に耳を傾けて

私はこれまで何百人もの帰化サポートを行ってきました。「日本国籍を取得したい」という思いが強い方ほど，専門家の言葉に耳を傾け真摯に対応してくださいます。逆に，私が指示する内容を「意地悪をしている」と勘違いする方もいます。こちらも嫌われたくありませんが，帰化の許可をもらうためにあえて是正するよう伝えていますので，素直に従って頂きたいです。

再申請で許可が出た時の喜びはひとしおです。諦めてはいけません。

☞　いたずらに何度も自己申請することはお勧めしません。2回目の申請では，原因を突き止めたうえで，その原因を是正し，経過観察期間を経て，万全な体制で臨むようにしましょう。

第7章

特殊事例

帰化申請サポートを業とすると，想定外のことがよく起こります。私が今までに遭遇した特殊事例について解説します。

ケース1

両親が難民認定を受けたため，本国書類が一切ない

■ ボート・ピープル

　1975年以降，インドシナ三国（ベトナム・ラオス・カンボジア）からボート・ピープルとして日本に入国した人々の子孫などの帰化申請が，近年増えてきています。

　　☞ 「ボート・ピープル」は内閣官房インドシナ難民対策連絡調整会議事務局でも正式に
　　　使っている用語であり，小型の船に乗って他国に逃れてきたインドシナ難民の通称です。
　　　海ではなく陸を伝って隣国などに逃れた人々は「ランド・ピープル」と言います。

　インドシナ三国は，1975年以降，相次いで社会主義体制に移行しましたが，新しい体制の下で迫害を受けるおそれのある人々や新体制になじめない人々が本国から逃れて日本などにやってきました。1994年3月4日までに入国したボート・ピープルは13,768人となっています（外務省「外交政策」「人権・人道」のホームページより）。

　難民の地位に関する条約にいう難民とは，「人種，宗教，国籍若しくは特定の社会的集団の構成員であること又は政治的意見を理由に迫害を受けるおそれがある」ものと定義されます。日本も1981年6月の条約への加入に伴い，難民認定を行うようになりました。

　日本では，こうしてやってきた難民の人々が難民申請し，認定を受けることで定住者の資格を得て，継続して在留しているという歴史があります。

　1975年当時，日本にやってきた親世代の難民が，当時夫30歳，妻30歳の夫婦で子供が10歳だとしたら，現在（2024年）は79歳の親に，49歳の子供ということになります。当時のインドシナ難民の女性などは小学校にも入ったことがない方が多いため，ベトナム語の読み書きができないうえ，日本でも学校に通う機会はない方が大半でしたから，日本語の読み書きもできない方が多いのが現状です。

帰化するためには日本語のテストがあります。今さら煩雑な手続きを経て，さらに日本語のテストに合格しないと帰化できないのであれば，このまま定住者でいるのが楽だろうと考えた親世代の方は少なくなかったに違いありません。

■ ボート・ピープルの子世代

しかし，定住者となった元インドシナ難民の親から生まれた，日本生まれ日本育ちの子供たちは違います。日本が母国のようなものです。日本語が母国語であり，氏名も通称を使って日本人と同じように生活しています。ですから，そういった方たちが帰化申請を望むのは自然の流れと言えるでしょう。

帰化申請は，原則として，母国の官憲が発給した出生証明書や婚姻証明書など，国籍や身分に関する大量の書類を揃える必要があります。そういった書類を提出できない場合は原則受付をしてくれません。

それでは，原則通りそのような方たちは帰化申請自体できないのでしょうか。答えは「できます」。代替書類を出すことで申請可能です。

ボート・ピープルなどは，本国に身分関係を証する書類を請求しても発給されない場合があります。その場合は，本国にいる申請者の父母，兄弟姉妹等の親族から，申請者の生年月日や出生場所等を記載した書面を提出してもらったりして，身分関係を認定することもあります。

しかし，その子孫の場合は，両親が日本で高齢者として生活していたり，既に亡くなっていたりするケースがあるため，本国の親族から書面で書類を提出してもらうことはできません。両親がご健在な場合は，両親から申述書や説明書類を自筆にて提出してもらうことで身分関係が認められるケースもあります。

日本生まれ日本育ちの元難民の子孫の場合は，両親からの申述書や，日本で届出をしたありとあらゆる書類を提出することで，出生や結婚などを証明するしかないのです。真にやむを得ない事由があり，申請者自身の責めに帰すべき事由がない場合は当該書類を提出することなく申請可能となります。もちろん，許可・不許可については他の申請者同様に厳格に審査されたうえで判断されますので，受付をしてもらったイコール許可ではありません。

☞ ちなみに，単に本国の親と仲が悪かったりすることで本国書類の取り寄せが困難であるとか，コロナの影響による入国制限のため本国に渡航できないことを理由に書類が取

第7章　特殊事例　　191

得できないと言う方がいますが，そういった私的な理由や一時的な理由では，法務局は本国書類を提出しなくともよいとは言ってくれませんのでご注意ください。

かなりのバイタリティが必要

　注意点が1点あります。日本生まれ日本育ちの元難民の子孫の方は日本国内で取得する書類が大量で，標準的な外国人よりもかなりのバイタリティが必要となります。さらに，近年は申請書類についてとても厳しくなり，日本国内の書類を全て提出しなければならないだけではなく，何ページにも渡る両親の自筆による説明書や申述書などを出すよう求めてくる法務局もあります（申請者の親族が20年ほど前に帰化したというので，当時の話を伺ったこともあるのですが，当時はそういった書類なしでも比較的楽に帰化ができたようです）。

　年老いた両親に当時の状況を聞いたうえで，両親による自筆の書面作成も求められます。前述のとおり，両親が日本語を書けないケースが多々あるため，母国語で書いてもらった自筆の書類を翻訳する必要があります。

　☞　弊所で依頼された，元難民の子孫の方々は皆さん無事に許可を頂きました。申請書類を仕上げるのには通常より苦労しましたが，申請後はスムーズでした。本国を逃れて日本で暮らしているため本国の国籍離脱を要することもなく，許可までの期間は通常のケースより早かったです。

提出書類の例

　元インドシナ難民の子孫の方の提出書類は以下のとおりです。法務局によって多少異なりますのでご参考程度にご参照ください。

- 帰化許可申請書
- 親族の概要
- 履歴書
- 最終学歴の卒業証書
- 動機書
- 在留資格明書
- 再入国許可証
- 定住経歴証明書
- 申述書
- 出生届記載事項証明書
- 婚姻届記載事項証明書
- 離婚届記載事項証明書
- 死亡届記載事項証明書
- 帰化者の戸籍謄本
- 帰化者の改正原戸籍
- 住民票
- 在留カードの写し
- 生計の概要
- 在籍証明書
- 給与明細書
- 賃貸借契約書
- 通帳写し
- 源泉徴収票
- 納税証明書
- 課税証明書
- 被保険者記録照会回答票
- 健康保険証写し
- 運転免許証写し
- 運転記録証明書
- 居宅付近の地図
- 勤務先付近の地図
- 質問状に対する手書きの回答書
  （Ａ４サイズ４ページ）

ケース2

両親が行方不明のため，どこで書類を収集したらよいか分からない

　弊所で数件このようなケースを扱ったことがあるのですが，全て特別永住者の方のケースでした。もちろん，たまたまなのでしょうから，特別永住者以外でも当てはまる方はいると思います。

　身寄りが無く1人で暮らしている申請者，兄弟姉妹と一緒に暮らしている申請者など，両親がいないため，幼い頃は親戚の家を転々とし，成人した後は誰にも頼らずに自活している方たちがいます。

● 特別永住者とは

　特別永住者とは，1945年9月2日以前から日本国内に居住している平和条約国籍離脱者（朝鮮人および台湾人）とその子孫を主に対象としています。

　第二次世界大戦終結後，日本の統治下にあった朝鮮半島は，大韓民国と朝鮮民主主義人民共和国として独立し，同じく日本の統治下にあった台湾は中華民国となりました。そして，サンフランシスコ平和条約によって，「平和条約の発効に伴う朝鮮人台湾人等に関する国籍及び戸籍事務の処理について」と題する通達が出され，1952年4月28日の条約の発効とともに，上記日本国内に在留する朝鮮人および台湾人とその子孫の日本国籍は一律に喪失されるという取扱いとなったのです。

　現在は，日本国との平和条約に基づき日本の国籍を離脱した者等の出入国管理に関する特例法7条により，上記の方々は「特別永住者」とされ，特別永住者証明書が交付されています。

　出入国在留管理庁の「令和5年末現在における在留外国人数について」（ウェブサイト）では，281,218人の特別永住者が在留していると記載されています。

　このような歴史的な背景のため，特別永住者の子孫などは生まれも育ちも日本という方が大多数です。日本が母国のようなものです。しかし，国籍・地域は「韓国」「朝鮮」「台湾」のため，日本国籍を取得するためには帰化申請をし

なければならないのです。

韓国籍の特別永住者で登録基準地が不明のケース

　以降は，韓国籍の特別永住者の方で登録基準地（本籍地）が不明の方のケースをご紹介します。

　韓国では2007年12末まで戸籍制度がありました。そのため，帰化申請の際には2007年までの除籍謄本を提出する必要があります。除籍謄本は韓国の登録基準地（日本の本籍地のようなもの）と，戸主（日本の戸籍筆頭者のようなもの）が分からないと取得できません。

　しかし，両親がおらず，親戚とも疎遠のケースの場合はどのようにして除籍謄本を取得したらよいのでしょうか。

　このようなケースの場合，Q32でもご紹介した「閉鎖外国人登録原票」を入管から取り寄せることで解決できるケースが多いでしょう。戸主については，祖父や父である場合が多いです。

①　閉鎖外国人登録原票

　閉鎖外国人登録原票のどこを見れば登録基準地が分かるかと言いますと，「国籍の属する国における住所又は居所」という欄に記載されている韓国の住所が登録基準地である可能性が高いです。

　もちろん，親戚と今でも交流があり連絡が取れる場合は，親戚に登録基準地や戸主について聞いてみるのもよいでしょう。除籍謄本を取得するためには，最低でも番地の前の「里」や「洞」までの情報は必要となります。「里」や「洞」は，「郡」などの下に位置づけられる行政区のことです。

②　除籍謄本の取得

　上記内容がある程度判明したら，駐日大韓民国大使館または領事館にて除籍謄本取得の申請をすることができます。こういったケースは少々複雑ですので，本人または委任状を持った行政書士などの専門家が直接窓口で取得したほうがスムーズかと思います。

　なお，2024年6月1日からは，東京にある駐日大韓民国大使館領事部では，帰

化や相続に係る士業による除籍謄本等の取得については郵送請求ではなく直接窓口で取得するよう要請されており，また，韓国語の申請書を使い事前にオンラインで予約を取らないと取得できないようになっているのでご注意ください。

　うまく最新版の除籍謄本の取得ができた場合は，そこからたどって申請者が生まれた時の除籍謄本まで遡って取得していくことになります。さらに，母親が妊娠可能な時期まで遡って，母の婚姻前の除籍謄本も取得する必要があるのです。1つの手がかりを元に1つ1つ遡って，必要な除籍謄本を全て収集していかなければならないため忍耐を要します。

　戸主や登録基準地の移転などがあることが多いのですが，間が抜けていてはいけません。全て繋がっている必要があります。抜け漏れがある場合は帰化申請では受付してもらえないので，まずはこの除籍謄本の収集を完璧に行う必要があります。

③　日本での届出書類の収集

　さらに，特別永住者で収集が大変なのが日本での届出書類です。例えば出生届記載事項証明書，父母の婚姻届記載事項証明書，父母の離婚届記載事項証明書などです。こういった記載事項証明書は届出を行った市区町村役場しか発行してくれません。まずは，申請者の出生届記載事項証明書の取得から開始します。多くのケースで引っ越しを何度もしている場合がありました。よって，どこに届出を出したのかは申請者にも分からないケースが多々あります。閉鎖外国人登録原票の「変更登録覧」（住所移転について書かれている欄）や，申請者の記憶を元に市区町村役場を巡って取得するしかありません。同様に兄弟姉妹がいらっしゃる場合は，兄弟姉妹の数だけ取得する必要があります。

　婚姻届記載事項証明書については，駐日大韓民国大使館領事部等で取得済の母の「婚姻関係証明書」の婚姻日と，閉鎖外国人登録原票に記載されている結婚当時の住所，または兄弟姉妹の中で父母の婚姻日に一番近い年に生まれた方の出生届記載事項証明書に書かれている「住所」欄に書かれている当時の現住所を元に，当たりをつけて届出をしたであろう市区町村役場に申請をしていくしかありません。これはなかなか至難の業です。

　☞　このようにして韓国の書類と日本国内の書類を収集していきます。書類が整ったら申請可能となります。実質的審査を経て，帰化要件を満たしており許可を与えるのに相当

だと判断された場合は許可が下ります。

　ちなみに，特別永住者だからという理由で提出書類は緩和されないため必要書類は全て提出する必要はありますが，動機書作成は免除されています。帰化したい動機は明らかであり，日本語の文章が書けるかどうかをテストする必要がないからでしょう。

■　提出書類

　韓国籍の特別永住者などの方の提出書類は以下のとおりです。法務局によって多少異なりますのでご参考程度にご参照ください。

- ・帰化許可申請書
- ・親族の概要
- ・履歴書
- ・最終学歴の卒業証書
- ・基本証明書
- ・家族関係証明書
- ・婚姻関係証明書
- ・入養関係証明書
- ・親養子入養関係証明書
- ・除籍謄本
- ・申述書
- ・出生届記載事項証明書
- ・婚姻届記載事項証明書
- ・離婚届記載事項証明書
- ・死亡届記載事項証明書
- ・住民票
- ・特別永住者証明書の写し

- ・パスポートの写し
- ・生計の概要
- ・在籍証明書
- ・給与明細書
- ・賃貸借契約書
- ・通帳写し
- ・源泉徴収票
- ・納税証明書
- ・課税証明書
- ・被保険者記録照会回答票
- ・健康保険証写し
- ・運転免許証写し
- ・運転記録証明書
- ・居宅付近の地図
- ・勤務先付近の地図
- ・上申書

第7章　特殊事例　　197

ケース3

日本生まれのため，本国の身分 ID 番号がない

■ 日本生まれ日本育ちの中国人のケース

　日本生まれ日本育ちの中国人にとって，身分証明番号がないことは帰化の際に少々難儀です。

　現在，中国のパスポートを作成・更新するためには，中国国民1人1人に割り振られている18文字の一意の ID 番号を使い，中国領事のスマートフォン専用アプリから作成・更新申請しなければなりません。そして，手数料の支払いは WeChat Pay で行われます。

　つまり，ID 番号がないと，そもそもパスポートが作れません。また，パスポートが作れないということは，駐日中華人民共和国大使館または領事館で「領事証明」を発行してもらうことができないということになります。

① パスポートを作成

　まずは，パスポートを作成する必要があるので，中国領事のスマートフォン専用アプリから申請できない旨を電話またはメールにて大使館職員に伝えたうえで，窓口で作成してもらう必要があります（電話に出る職員によっては冷たい態度で対応する人もいますが，諦めずに交渉する必要があります。窓口での作成のため通常よりも数か月時間がかかりますが作成することは可能です）。

② 領事証明の発行

　パスポートの作成ができれば「領事証明」の発行も可能となります。「領事証明」とは，外国の国籍を取得した際には自動的に中国国籍を喪失する旨が書かれた中国大使館発行の書面となります。こちらを取得することで，日本の国籍を取得した際に自動的に中国国籍を喪失するため安心して帰化申請できることになります。

　ちなみに，日本国内では犯罪とならない行為であっても中国の法律に触れるような罪を犯しているケースでは，中国大使館のほうでそのような方をリスト

アップしており，当該申請者が領事証明発行申請を行った場合は領事証明を発行してくれません。そのような場合，パスポートは返却されず，最悪のケースとして当該申請者は中国に送還され，中国国内にて裁判にかけられる場合もあります。つまり，「領事証明」を発行してもらえたということは中国の法律に触れるような行為をしておらず，中国国籍を離脱することが可能な方だという，ある意味中国政府からお墨付きをもらったことになります。

☞　前述のとおり，身分IDがないからといって諦めないでください。中国国内で出生していないため身分IDがないため通常の手続ではパスポートは作れませんが，交渉したりすることで作れる可能性がありますので，ないからといってパスポートが作れないわけではありません。

■　中国には戸籍制度がない

①　本国書類の提出は不要

　日本生まれ日本育ちの中国人に関しては，ケース２の韓国籍の特別永住者の場合と異なります。まず，中国には戸籍制度がないので，除籍謄本等を入手することができません。また，両親が60年以上前に渡日している場合は本国での役所で記録が残っていないケースが多く，中国国内で本来取得すべき父母の婚姻公証書も取得することができない場合が多いのです。そして，日本生まれ日本育ちの申請者の場合，中国本土にて出生登録をしていないため，出生公証書等の公的書類は一切発行してもらうことができません。

　発行が不可能なので，こういったケースの場合は本国書類の提出は不要となります。

②　日本国内での書類の収集

　本国書類の提出は不要とはいえ，日本国内で行っている全ての届出に関する記載事項証明書を発行してもらわないといけません。申請者自身および兄弟姉妹の出生届記載事項証明書はもちろんのこと，父母の婚姻届記載事項証明書や，既に父母のどちらかあるいは両者が亡くなっている場合は死亡届記載事項証明書も取得が必要となります。

☞　弊所で取り扱った事案では，日本の市区町村役場に届出をしたはずの父母の婚姻届の

第7章　特殊事例　　199

保管が無いケースもありました。あまりに古い時代だったからでしょうか。申請者のご両親に確認したところ，たしかに届出をしたというのです。この場合は，該当の市区町村役場にて，婚姻届を保管していないことの証明書を発行してもらえることがあります。

　また，この場合，他に父母の婚姻を証する代替書面が提出できるのであれば提出した方がよいでしょう。中国大使館発行の結婚証でも結構ですし，現在は行っていないようですが，華僑総会が発行した結婚証明でもよいでしょう。

　日本国内における身分関係の書類が収集できたら，帰化申請可能となります。もちろん，その他納税証明書や課税証明書などの公的書類も他の申請者同様に収集が必要です。

☞　身分IDが無い方は，最初にパスポートを作成するという所で躓く方が多いのですが，ここを突破すれば後は何とかなります。

● 提出書類

　中国籍の方で身分IDが無い方などの提出書類は以下のとおりです（法務局によって多少異なりますのでご参考程度にご参照ください）。

・帰化許可申請書	・死亡届記載事項証明書
・親族の概要	・住民票
・履歴書	・在留カードの写し
・最終学歴の卒業証書	・生計の概要
・パスポートの写し	・在籍証明書
・動機書	・給与明細書
・領事証明	・不動産登記簿謄本
・結婚証	・通帳写し
・結婚証明	・源泉徴収票
・申述書	・納税証明書
・出生届記載事項証明書	・課税証明書
・婚姻届記載事項証明書	・被保険者記録照会回答票
・離婚届記載事項証明書	・健康保険証写し

- ・運転免許証写し　　　　　　　・居宅付近の地図
- ・運転記録証明書　　　　　　　・勤務先付近の地図

ケース4
本国が戦闘地域のため，本国書類が持ち出せない

■ ミャンマー

国によっては，本国書類の原本が1つしか存在しないという場合もあります。つまり，一生に一度しか当該書類が本国官憲から発行されないのです。

例えばミャンマーなどもそういった国になります。ただし，ミャンマーでは，書類を紛失してしまった場合，本人が生存している場合に限り当該書類の再発行が可能となります。

原本が1つしか存在していない場合，法務局の帰化申請受付日当日は当該原本を法務局の職員に提示しなければなりません。原本照合が行われ，照合後はその場で原本が返却されます。ですから，この日のために本国から原本を郵送してもらう必要があります。

しかし，本国が戦闘状態で，持ち出しを禁止されている官憲発行の書類があるとしたらどうでしょう。当該書類を日本にいる申請者の元に送った時点で本国では法律違反となってしまい，厳しい処罰をされる可能性が出てきます。

このような場合は，「真にやむを得ない事由」があり，「申請者本人の責めに帰することができない」ということになり，当該書類の原本の提示は免除されます。

ミャンマーの場合，ミャンマー連邦共和国入国管理及び国民登録局発行の住民登録票になります。これらは各家庭のリビングやダイニング等に常に掲示しておく必要があり，軍や警察がこの住民登録票を元に点呼を行います。

持ち出し禁止となっているため，法務局での帰化受付の際には原本の提示は不要ですが，その写しの提出や，なぜ今回原本が提出できないのかを説明した上申書等の提出は必要となります。

■ ロシア・ウクライナ

なお，ロシアやウクライナも同様と思う方もいると思いますので付言してお

くと，こちらはミャンマーのように原本の国外持ち出しが禁止されているわけではないので扱いが違います。戦闘状態のため郵便事情が悪いとはいえ出生証明書や結婚証明書などの原本の提示は必須なのでご注意ください。ロシアなどでは，現在（2024年），民間配送会社が行っている国際宅配便（クーリエ）は通常稼働していますので原本を日本に送ってもらうことは可能です。もし仮にそういった配送サービスが一時的に停止になったとしても，配送が再開する可能性があり，また，そもそも国外への持ち出しが禁止になっていない以上，配送サービス停止を理由に原本提示が免除されることはありません。サービス再開まで何年かかろうと待つしかないのです。

　つまり，取得できないといってもいつの日か発行やサービスが再開する可能性があり，国外持ち出し禁止などの命令等が出ていない限り，例外は許してくれないと思っていたほうがよいでしょう。

　☞　以前，2020年頃，中国での新型コロナウィルス感染症蔓延により，一時的に公証書の発行業務が停止になったり，海外への国際宅配サービスが停止した時期がありました。その場合でも法務局では公証書提出の免除は認めませんでした。発行が再開された後に受付をするように言われました。

■　上申書

　原本を提示しないといけないことになっているにも関わらず提示できない場合は，なぜ提示できないのかを「上申書」という書面に纏めて提出することをお勧めします（受付時に求められないこともありますが，実質的審査が開始した後審査官から提出するように言われる可能性が高く，もし仮に受付時に求められない場合であっても，審査をスムーズに進めるためには専門家のほうで予めフォローするようにしたほうがよいでしょう）。

　時として帰化申請では，このような書式が定まっていない「上申書」を作成しなければならないシーンが発生します。歴史的背景から，現在具体的にどんなことが行われているのかなど，審査官に状況を簡潔に説明し，そのようなやむを得ない事情を勘案して審査を進めて頂けるよう上申するのです。

第7章　特殊事例　203

■ 提出書類

　ミャンマーの方で，住民登録票の原本の提示ができない場合の提出書類は以下のとおりです（法務局によって多少異なりますのでご参考程度にご参照ください）。

- ・帰化許可申請書
- ・親族の概要
- ・履歴書
- ・最終学歴の卒業証書
- ・パスポートの写し
- ・動機書
- ・国民登録書写し
- ・出生証明書写し
- ・結婚証明書写し
- ・住民登録票写し
- ・上申書
- ・申述書
- ・住民票
- ・在留カードの写し

- ・生計の概要
- ・在勤及び給与証明書
- ・不動産登記簿謄本
- ・通帳写し
- ・源泉徴収票
- ・納税証明書
- ・課税証明書
- ・ねんきん定期便写し
- ・健康保険証写し
- ・運転免許証写し
- ・運転記録証明書
- ・居宅付近の地図
- ・勤務先付近の地図

ケース5

本国の政府が国籍離脱を承認してくれない

■ 日本では重国籍は認められない

　日本では重国籍が認められていません。国籍法5条1項5号には「国籍を有せず，又は日本の国籍の取得によつてその国籍を失うべきこと」と定められており，帰化するためには日本国籍取得の条件として本国の国籍を喪失しなければいけません。

　しかし，ケース3の事例でご紹介した中国国籍の方のように，外国の国籍を取得した際には自動的に本国の国籍を喪失する国がある一方，事前離脱を認めずさらに重国籍を許容している国があったり，外国籍を取得する前に自主的に国籍を離脱することを認めている国もあります。

　日本に帰化する際には，日本の国籍法のみならず本国の国籍法や関係する法律が複雑に絡み合うため慎重な手続きが求められます。

① 許可までに離脱が必要な国

　「外国籍を取得する前に自主的に国籍を離脱することを認めている国」に該当する国籍の方は帰化申請においては許可までに時間を要することになります。なぜなら，日本国籍が付与される前に本国の国籍の離脱を完了しなければならないからです。この離脱が完了しない限り日本国籍が付与されないということになります。

　よく考えてみると，これは少々怖いことです。日本国籍付与の前に現在保有している国籍を離脱するわけですから，離脱が完了した際には無国籍となります。その後，無国籍になったことを確認し，法務大臣が帰化の許可を与えるという流れになります。

　帰化申請の一連の流れの中で，申請者には日本国籍付与の前提として事前に国籍離脱をしてもらうことになるとの説明があります。この内容について同意できない申請者には帰化の許可が与えられないことになります。申請者は日本国籍が欲しいのです。ですから，これまで申請者は皆さんこの状況を受け入れ

第7章　特殊事例　205

てきました。

② 無国籍状態は2～3か月間

　国籍離脱が完了してから日本国籍が付与されるまでの期間はどのくらいなのでしょうか。つまり，どのくらいの期間無国籍状態となるのでしょうか。その答えは個々のケースによって異なるため明確には申し上げられませんが，約2～3か月と思って頂いてよろしいです。3か月もの間無国籍となると，この間に何か事件があった場合はどの国も保護してくれないことになります。

　しかし，申請者は法務局の審査官から「国籍を離脱してください」と連絡が来ることを望んでおり，実際に連絡が来るととても喜びます。法務大臣が許可を出すことを前提に本国の国籍離脱をお願いしたということですから，離脱さえ完了すれば日本国籍が付与されることが保証されたことになります。

　実際，国籍離脱をするように連絡が来た申請者の元には法務省民事局民事第一課長が発行した「国籍離脱証明書の提出について」という文書が交付されます。この文書には，本国の「国籍を離脱したときは，その後に申請者が新たな犯罪を犯す等特段の事情がない限り，日本への帰化が許可されるので，申請者に国籍離脱証明書を提出させた上，速やかに当課宛て書留郵便で送付」するよう書かれています。この文書を駐日在外大使館または領事館に持参し国籍離脱手続きを行うことになります。

■　国籍離脱・放棄宣言書

　離脱申請の受付から離脱の完了までには3か月かかる国もあれば，1年かかる国もあります。中にはほぼ離脱ができない国もあります。離脱申請書を受け付けてくれない国や，そもそも離脱を許していない国があるのです。そのような場合まで重国籍禁止を貫こうとすると，申請者に責めがないにもかかわらず帰化ができないことになってしまいます。

　そこで，重国籍の発生をやむを得ないものとして一定の場合には日本国籍付与を許容しているのが現状です。帰化については，国籍法5条2項にその定めがあります。「法務大臣は，外国人がその意思にかかわらずその国籍を失うことができない場合において，日本国民との親族関係又は境遇につき特別の事情

があると認めるときは，その者が前項第五号に掲げる条件を備えないときでも，帰化を許可することができる」と明記されています。

　国籍法5条2項が適用される申請には，本国の国籍を離脱せずに日本国籍が付与されることになるので，申請を許可された場合には重国籍者となります。その際は，「国籍離脱・放棄宣言書」に必要事項を記入し法務局に提出する必要があります。これにより，重国籍状態ではあるものの便宜的に日本国籍を選択したということになります。

　この宣言書には，申請者が日本に帰化する意思があり，そして，本国の国籍を離脱・放棄することが可能となったときには直ちに当該国籍を離脱・放棄することを誓う内容が書かれています。

　ですから，将来，本国の国籍を離脱できるチャンスが訪れたら離脱を行うということが日本国籍付与の条件となっています。

　しかし，現状，「国籍離脱・放棄宣言書」が適用される方は離脱申請書を受け付けてくれない国や，そもそも離脱を許していない国のみとなっています。離脱の受付をしてもらえる国の申請者は，離脱が完了しない限り法務大臣から帰化許可がされることはありません。国籍法5条2項の例外適用はあくまで例外適用ですので全員に適用されるわけではありません。多くの国籍の方は無国籍の期間を経験することとなります。これは帰化許可をもらうためには甘受しなければならないことなのでしょう。

第7章　特殊事例　　207

■著者略歴

山尾　加奈子（やまお・かなこ）

コラソン行政書士事務所代表。

申請取次行政書士。東京都行政書士会所属。

秋田県秋田市出身。1975年生まれ。横浜市立大学商学部経営学科卒業。

ゲーム会社，IT企業の法務部で勤務したのち，2018年帰化専門の行政書士事務所を開業。

外国人が多い環境で勤務していたことがきっかけで外国人サポートを行うために行政書士の資格を取得し申請取次者に。

帰化は多くの外国人にとって一生に一度の重大イベントとなるため知識と経験を活かし個々のケースに合わせてきめ細やかに支援している。

現在は，外国人の在留資格全般を取扱いながら，法務部時代に訴訟，英文契約書，GDPR，個人情報保護法，知的財産権，著作権に関する業務を担当していた経験を活かしスタートアップ企業，NPO法人，一般社団法人等の顧問も行っている。また，2023年からは一般社団法人外国人雇用支援機構（Foreigners Employment Support Organization 略称：FESO）で実務家向けに帰化の講師を担当している。

本書のお問い合わせは，書名・該当ページを明記のうえ，文書にてお寄せください。お電話でのお問い合わせや書籍内容以外のご質問はお受けできません。

E-mail　info@chuokeizai.co.jp　㈱中央経済社編集部

そこが知りたい！

帰化申請Q&A50

2025年 2 月10日　第 1 版第 1 刷発行	
2025年 5 月30日　第 1 版第 3 刷発行	

著　者　山　　尾　　加奈子

発行者　山　　本　　　　継

発行所　㈱ 中 央 経 済 社

発売元　㈱中央経済グループ
　　　　パ ブ リ ッ シ ン グ

〒101-0051　東京都千代田区神田神保町1-35
　　　　　　電話　03 (3293) 3371 (編集代表)
　　　　　　　　　03 (3293) 3381 (営業代表)
　　　　　　https://www.chuokeizai.co.jp
　　　　　　印刷・製本／文唱堂印刷㈱

©2025
Printed in Japan

＊頁の「欠落」や「順序違い」などがありましたらお取り替えいたしますので
発売元までご送付ください。(送料小社負担)
ISBN978-4-502-52171-3 C3034

JCOPY〈出版者著作権管理機構委託出版物〉本書を無断で複写複製（コピー）することは，著作権法上の例外を除き，禁じられています。本書をコピーされる場合は事前に出版者著作権管理機構（JCOPY）の許諾を受けてください。
JCOPY〈https://www.jcopy.or.jp　eメール：info@jcopy.or.jp〉